HC日英バイリンガル脳シリーズ　天の巻・信心編

バイリンガル脳で英会話

誰でもすぐ出来る

平野　清

せせらぎ出版

はじめに

　皆さんのお友達や知り合いの中に日本語を母語とし、英語もネイティブスピーカー（母語話者）のように話せる人はいませんか？　いや、それだけではなく、英語をネイティブスピーカーのように読み書きもできる人をご存知ありませんか？
　もしそのような人がいたら、その人は日本語と英語のバイリンガルです。
　皆さんも、そんなふうになりたくありませんか？
　今から42年も前の私事で恐縮ですが、私がはじめて渡米した時、私の相手をして下さったホストファミリーの二世の女性（20代）から、私は完全なバイリンガルだと言ってもらえました。また、その後まもなく、ミシガン州立大学の大学院で異文化コミュニケーションを勉強したのですが、全科目好成績で修士号を頂くことができました。
　正しい方法で英語や英会話を学習すれば、そうすることはたいして難しいことではありません。
　その正しい方法とは、日本語と英語の「バイリンガル脳」とでも言うべき頭脳を育成できるように英会話法も、英語を聞き話し、読み書く技能も身に付けて行くものです。
　私が「暗記受験脳」と呼んでいるものを育成する方法では、それは多分不可能でしょう。
　がしかし、日本の現在の、いや明治のはじめから今だに、英語や英会話の教育や学習は、主として英日・日英の暗記暗唱法を用いて「受験脳」ばかり養っています。
　この「暗記受験脳」の育成ばかりしていては本当の英会話力も英語力も身につきません。

いや、それどころか、そんなことばかりしていては、ますます英語や英会話の本当のマスターが遠のくばかりです。ますます本番の英会話やディスカッションや質疑応答が怖くなるばかりです。また、英文を自信を持って速く読めるようにも書けるようにもはなりません。いや、書く方はたとえゆっくり時間をかけても、その書いた英文に（誰にも添削してもらわずに）自信を持てるようにはならないでしょう。語学の天才でかつ非常な努力家以外は。

　ところで、本書の「バイリンガル脳で英会話―誰でもすぐ出来る―」の意味は、すぐに「バイリンガル脳」になれるという意味ではありません。

　それは、バイリンガルの人たちが英語で会話をしたり読み書きしたりしている方法を、英語を外国語として学ぶ私達日本人用に科学的人間的に改良し、開発した方法によって会話や読み書きを今から実践し、ドキドキわくわくしながら楽しくバイリンガル脳を養い、近いうちに英語と日本語のバイリンガル脳になるように頑張りましょう、という意味です。

　そしてその頭脳で、私達が「基礎的バイリンガル（Basic bilingual）[※]」と呼ぶものや、「上級バイリンガル（Advanced bilingual）[※]」と呼ぶものを目指そう、というわけです。

　目指すは、受験をはるかに超えた英語力です。ですから、**この方法によれば、それが高校入試はもちろんのこと、大学入試であろうが、英検1級だろうが、TOEICだろうが、iBT・TOEFLであろうが英語の試験にパスしたり好成績を得たりすることなど、楽に（＝気楽にあるいは楽しく）できるようになる**ということです。

　グローバル化、国際化が毎日のように話題に上る状況にあって、皆さんはすでに本当の英会話力や英語力の必要性はよくお分かりでしょう。

[※]「初級基礎的バイリンガル（Basic bilingual）」や「上級バイリンガル（Advanced bilingual）」については「序-1：「バイリンガル脳」とは」で解説。

目次

はじめに……………………………………………………… 3

序章
1 「バイリンガル脳」とは……………………………… 10
　【参考】「私達のバイリンガル脳育成法」………… 12
2 英語嫌いこそチャンス—本シリーズの概要（上）— … 13
3 特に大学生の皆さんへ……………………………… 16

第Ⅰ章　やさしい入門英語脳づくり
1 英会話成功のための念仏と呪文…………………… 20
2 毎回、即座の直感的発言法………………………… 23
3 聞き取れなくても、理解できなくても…………… 26
4 英語脳と日英暗記脳の働きの例…………………… 29
　【参考】「第2母語（獲得）と外国語（習得）」…… 31
5 即座の対処が英語脳を創る………………………… 32
6 母語話者でも分からないことがある……………… 35
7 言語中心から心理社交術中心へ…………………… 38
8 こちらから話したいことがある場合……………… 41
9 なぜ和語句1つなら使ってよいのか……………… 44

第Ⅱ章　初級バイリンガルに向かって
1 "What's up?"「何かある？」……………………… 48
2 英語での説明は結論から先に……………………… 51
3 英会話習得・決定的3つの認識…………………… 54

4	決定的に重要な『英語発想順』………………………	57
5	iBT TOEFL もこの発想順で………………………	60
6	英会話は剣劇でなく、真剣勝負………………………	63
7	英会話の入門初級と中上級レベル……………………	66
8	本物の現代英文法の統語原理 1 ……………………	69
9	'Why' は直接の原因を尋ねる………………………	72
10	暗記暗唱脳からバイリンガル脳へ……………………	75
11	イメージをやさしい英語で表現………………………	78
12	マナーに適ったことは堂々と…………………………	81
13	英会話における最重要事はエチケット………………	84
14	母語話者に本物の英会話教師がいる？………………	87
	【参考】「レッスン料とホスト料」…………………	89
15	英会話はテニス等のラリーゲーム……………………	90
16	英語発想順より相手の発言……………………………	93
17	和語句を教えてあげる…………………………………	96
	【参考】「コンテクスト（context）：話の流れ」…	98
18	英会話での表現法の優先順……………………………	99
19	明確なイメージと英語発想順が重要…………………	102
20	達人の技──最少限の英語句で………………………	105
21	英語を思い出すのをやめ、即イメージ………………	108
22	もう詳しい解説は不要でしょう………………………	111

第Ⅲ章　見知らぬ外国人と友達になろう

1	1分で英単語1つの意味を教えてもらおう…………	116
2	エチケットはもちろん、口約束も守ろう …………	119
3	良識を持って話かけよう………………………………	122
4	嫌な顔をされたり、侮辱されたりしたら……………	125
5	微笑みながら日本語で話しかけてみよう……………	128
6	その場（にあるもの）の感想を話題にしよう………	131
7	悪質外人に気をつけよう………………………………	134

目次

第IV章　上級バイリンガルに向かって
1. 初級レベルの本番英会話例……………………………………… 138
2. 英単文の作り方：統語原理 2 ………………………………… 141
3. 中級レベルの本番英会話例 I …………………………………… 144
4. 中級レベルの本番英会話例 II …………………………………… 147
5. 上級レベルの本番英会話例……………………………………… 150
6. まずは基礎的バイリンガルに…………………………………… 153

第V章　いかにして上級バイリンガルに成り得たか
1. 3～5年で上級バイリンガルに………………………………… 158
2. 英語がペラペラになる…………………………………………… 160
3. 上級バイリンガルの端くれに？………………………………… 163
4. 世界平和と人々の幸せのために………………………………… 165

第VI章　言語学習の厳しさ
1. 松本道弘先生と英語の家庭教師職……………………………… 168
2. 英文法と（論理的）科学的思考 ………………………………… 170
3. 学問や言葉に徹底した厳しさ…………………………………… 172
4. 英文の厳密な直訳とその効能…………………………………… 174

第VII章　本物の英文法に向かって
1. 助動詞 do の意味や和訳は？…………………………………… 178
2. （本）動詞と助動詞の do(es) …………………………………… 180
3. mean は「意味」ではない ……………………………………… 182
4. 直訳は英語発想、意訳は日本語発想…………………………… 184
5. 初級レベル『真の英文法：理解編』では……………………… 186

終章
1. 心に触れる感激の英会話を目指そう…………………………… 190
2. 英会話マスターのための必修表現と重要表現………………… 193

7

3　本シリーズの概要（下） ……………………………………… 197
　4　英語の先生方やグローバル企業の皆さんへ
　　　一緒に世界の英語界を制覇しませんか？ …………………… 200

おわりに…………………………………………………………… 202

「英語の神様」平野清先生について　………………… 川田純枝　205

【凡　例】
本文中の（　）内は省略可能部分。
（：　）や（＝　）内は直前の語句の言い換え [：は「すなわち」の意]。
（／　）は直前の語句と同類語句 [／は「あるいは」の意]。
英文中の [：　] 内は言い換えの意。

序章

序-1 「バイリンガル脳」とは

　さて、厳密に言って『バイリンガル脳』とは何かですが、それは、
「バイリンガル（の人）たちが日常、言葉で意思伝達（コミューニケイト）している時の、頭脳の働き方」
のことです。
　それでは、「バイリンガル」とはどのような人たちのことでしょう？「はじめに」で「日英のバイリンガル」に少し触れましたが、それは、**基本的には**、
「外国語あるいは第二言語を母語と区別できないくらいに流暢に話せ、それを用いてきちんと会話ができる人」
　　　　　　　　　　＝初級バイリンガル（Basic bilingual）
とします。
　また、**発展的には**、
「会話だけでなく、聞き話し読み書くという4技能も含めて、2つの言語を母語のように操れる人」
　　　　　　　　　　＝上級バイリンガル（Advanced bilingual）
とします。

　ところで以上は、**アメリカの言語学の父**と言ってもよい、ブルームフィールド（Bloomfield）という学者が著した『**言語**』("Language" 1933) という有名な本の中で言っている、次のことを基にしたものです。

「外国語学習において極端な場合には、学習者が外国語を母語と区別できないくらいに流暢に話すようになるだろう。母語を失わないで

このような状態にまで達した場合には、結果としてバイリンガリズム、つまり２つの言語を母語のように操ること（native-like control of two languages）になったといえるだろう。」
（東照二氏著『バイリンガリズム―二言語併用はいかに可能か』講談社現代新書 p11の同著者の和訳借用 ）

ところで、ここで誤解していただきたくないことは、
「日英バイリンガル脳」とは、「日英（相互）翻訳脳」ではないことです。特に「日英暗記暗唱脳」ではありません。
「日英バイリンガル脳」とは「日本語脳」と「英語脳」が共存した脳のことです。
そして、ここで特に重要なのは以下のことです。が、この項の以下は中上級の人達用ですので、入門、初級の方々は今すぐよく分からなくてもかまいません。そのうちよく分かってきますから。

日英暗記脳とバイリンガル脳の図式化

◎良くない…日英暗記脳
　〈理解のプロセス〉英語⇒日本語《⇒イメージ、考え》；
　〈表現のプロセス〉《イメージ、考え⇒》日本語⇒英語

◎目指すべき…バイリンガル脳：日本語脳と英語脳の共存
　〔日本語脳〕
　　〈理解のプロセス〉日本語⇒イメージ、考え（⇒事実確認）；
　　〈表現のプロセス〉イメージ、考え（⇒事実確認）⇒日本語
　〔英語脳〕
　　〈理解のプロセス〉英語⇒イメージ、考え（⇒事実確認）；
　　〈表現のプロセス〉イメージ、考え（⇒事実確認）⇒英語

このバイリンガル脳で特に重要なことは、「言葉（言語）」とその「イメージや考え」が直接関係していて、それらの間に「他の言葉（言語）」が介在していないことです。
　ところで図式の、《　》内はしばしばおざなりになされることを表し、（　）内は必要な時には通常きちんとなされることを表します。

> 【参考】「私達のバイリンガル脳育成法」
> 　ここでやや具体的に私達の「日英バイリンガル脳（脳神経細胞［ニューロン］の回路網）の育成法」を述べておくと、少し難解かも知れませんが、次のようになります。
> 　つまりそれは「上の（図式化された）英語脳の情報処理法を、まずはごく初歩的な本番英会話法の実践によって学習し、これに慣れ親しめば、左脳言語野に『英語脳の神経回路網』が形成され始めるはずです。そこで、まずはこれを習慣安定化させます。次に、日本語を介しての本物の英文法と、初歩的な英文からやや高度な英文までの正しい理解を実現します。その後、あるいはそれと同時にできるだけ速く日本語を脱してのあらゆるレベルの英文の正しい読み書き法や英語での正しい会話やディスカッション法の学習と実践によって、能率よく同神経回路網を高度に発展させ、習慣安定化していこう」
> というものです。

英語嫌いこそチャンス
―本シリーズの概要（上）―

　本書「(天の巻・信心編) 入門・真の英会話」では、初級や中・上級レベルにも必要に応じて言及や概観をしますが、**まず、特に入門レベルの方々のために、今すぐにでも『バイリンガル脳』(実は『英語脳』)を体験して頂くごく簡単な方法**を述べます。

　が、これは**英語が苦手であればあるほど簡単で楽しい方法**のようです。ですから、**英語が苦手な方や英語嫌いの方にこそ大きなチャンス**です。

　しかし、今すぐにそれを体験していただくためには、それがどんなに今までの英語や英会話の教授や学習法と違っていても、**理屈抜きにその方法を信じて、それを実践**して頂かなくてはなりません。

　が、様々な事情で、どうしても私達が提案する英会話法を実践できない方々は、本書を読むだけでも結構です。

　そして、この、

「**英会話学習とは主として会話用の英語学習ではなく、会話の心理社交術（:技能）の学習だ**」

ということの理解に努めて頂ければ。

　それから、本書の第Ⅴ章（p157～）では、どのようにして渡米してまもなく、ホストファミリーの二世の女性（20代）に私は完全な **（英日の）バイリンガル**だと言ってもらえるようになったのか、についてお話させて頂きます。これをお読み頂くと、中学生になってから英語を外国語として習い始めた私がそうなるまでに、いかに苦労し長い年月がかかったかお分かり頂けると思います。そうすれば、**皆さんが日英のバイリンガルになられるのに、はるかに楽でたのしくかつ速いこの方法**を再

度お読み頂ければ、あるいは**この本番英会話法**を実践する気になって頂けるかも知れません。

　それでも、人と話すのが苦手で、ましてやこちらから見知らぬ外国人に話しかけるなんてとんでもないとおっしゃる方は、
　次の**第2巻「(地の巻・理解編) 初級・真の英文法」**をご期待頂くことになります。
　この「地の巻・理解編」は、次の3部から成ります。つまり、
　Ⅰ. 英語の語句や文法に関するクイズとその解答
　Ⅱ. 真の (学習) 現代英文法
　Ⅲ. 入門から初級レベルに向かう本番英会話例
　そして、Ⅰ. の「英語の語句や文法に関するクイズとその解答」をお読みになれば、現行の学習英文法がいかにまずいかだけでなく、ものごとの正しい考え方が分かり、現代英文法がどうあるべきか、その本当の姿が次第にはっきりと見えてくるでしょう。
　その全体像が、Ⅱ. の英文例や英語句例を付けて著した**「真の (学習) 英文法 (体系)」**です。
　本番の英会話の入門レベルの人達や、初級以上の人でも、従来の暗記暗唱法でしか英会話を学んだことのない方は、本番の英会話では語句の意味上や文法上様々な誤りを犯されます。取るに足りない些細なものから重大なものまで。が、たいがいご本人は、そのことに気づいておられません。そこでこのⅢ. では、本番の英会話における日本の中学英語レベルの語句や文法上の誤りを中心に、どうしたらよいかをいくつもの**「入門から初級レベルに向かう方達の本番英会話例」**を用いて詳しく解説していきます。これをよく読まれることによって、本番での英会話法がよく分かり、さらには上のⅠ. やⅡ. がどれほど重要かよく理解して頂けると思います。

序章

＊シリーズの全体像は、本「天の巻・信心編」の「終章-3：本シリーズの概要（下）」（p197）をご覧ください。また、本シリーズ第2巻の「地の巻：理解編」をその出版までお待ち頂けない方は、過去の「ヒューコム・ブログ」の英文法の記事をご参照ください。

序-3 特に大学生の皆さんへ

　大学に合格なさった皆さん、大学生の皆さん、大学生時代にバイリンガル脳になって本物の英語と英会話力を身に付けましょう。
　そして英語英会話をマスターして、つまり、正しく高度な英語英会話力を身に付けて必要な英語の試験にパスし、就職活動に入り、希望の就職先の内定をもらって卒業しましょう。

　グローバル化、国際化が毎日のように叫ばれ話題に上る状況の中にあって、皆さんは日本の社会が、特に多くの企業が英語や英会話に優れた人材を求めていることは嫌というほど分かっているでしょう。
　ところで、英語や英会話に本当に優れるには本物を学ばねばなりません。がしかし、今までの英語や英会話の学習法や、受験のための英語学習法である「英日・日英の暗記暗唱 (or暗書) 法」では本物の英語や英会話力は身に付きません。
　本物の基本的な英会話力が身に付いている人は、何の準備もなしに、つまり、あるがままの能力で、どのような話題であっても、即、日本語の全く分からないネイティブスピーカーや外国人と気楽に楽しく、適切に英会話ができるはずです。
　いかがですか、できますか？

　本物の高度な英語力が身についている人は、何の準備もなしに、つまり、あるがままの能力で、英語の速聴や速読、速話や速書ができるはずです。いや、それは無理でも、つまりスピードは速くなくても、少なくとも英文上を頻繁に逆行したり、行ったり戻ったりすることなく文頭か

ら文尾へと即聴や即読、即話や即書が正しくできるはずです。
　（注：「速」は高スピードを、「即」は日本語を介さないことを表します。）
　英語の面接試験やインタビューで適切に答えたり、プレゼンテーションの質疑応答が適切にできたり、ディスカッションが適切にできたりするはずです。
　相手のネイティブスピーカーが友人であろうがビジネス関係者であろうが、その人宛てに英文のメールがすぐ書け、即、送ることができるはずです。
　そのためには正しい英会話法、正しい語句の意味、正しい英文法、正しい英文理解（解釈）法、正しい英文表現（英作文）法を学ばねばなりません。そして、完全に自分の責任において英語を理解し、表現でき、これに自信を持てるようにならねばなりません。
　そのためには、日英・英日の暗記暗唱法は全くよくありません。百害あって一利無しです。また、英語を話したり書いたりする時の、パターンプラクティス（文型練習）的「英借文語句置換法」も不適切な方法です。これらの方法では、文頭から文尾へスラスラと正しい英語で発話していったり、文章を書いていったりできるようになりません。
　本書は英語を外国語として学習する私達日本人が、英語や英会話が最も早く正しくマスターできると私達が確信する、科学的人間的方法を述べるものです。
　本屋さんには数え切れないほどの英語や英会話習得法の書物があり、巷には数え切れないほどの英語学校や英会話学校があります。しかし、その習得法の根本はほとんど皆、暗記暗唱法によるものです。そのような方法なら、どんなに有名な人が書いた書物を読んでその通りしても、日本だけでなく、世界中のどんなに有名な学校に通って懸命に学んでも、つまり英語留学をいくらしても、本物の英語力や英会話力は身に付きません。いや、それどころか、本物を学ぶ場合の障害となるばかりです。
　このような実状はしかたのないことかもしれません。なにしろ、英文

法や英会話の本当のところが分かっていらっしゃるプロ、すなわち先生や学者や、ネイティブスピーカーは世界中のどこを探してもほとんど皆無のようですから。

　ところで、本書以外に、私達の「ヒューコム・ブログ」をご覧になり、皆さんの英語英会話学習に役立てられるのは無料です。このことは、私達は金儲けを主として英語英会話法を研究開発したり、本書やブログを書いたりしているのではないということです。そうしている理由の１つは、**皆さんに英語や英会話学習に関する事実や真実を知ってもらって、大切なお金や時間や労力を無駄にしたり、同学習において取り返しがつかなくなることに使ってもらいたくない**からです。
　それからもう１つ、実はこちらの方が本命なのですが、**もしできれば、皆さんに習得した真の英語英会話力を用いて日本国民や人類の幸福や、世界平和のために少しでも貢献してもらえたら**この上なく幸せだからです。
　私もそうすることが、受けた天命だと思い長年頑張ってきましたが、今のところその種(たね)をやっと開発し終え、こうして、それを少しでも多く蒔いていくことのみで人生が終わりそうなのはまことに残念です…。
　以上のような訳で、本書をよく読んで、正しい方法で真の英会話力を身に付け、正しい方法で英語学習をやり直し、英語英会話の達人となって大学を卒業していかれることを願ってやみません。

第Ⅰ章 やさしい入門英語脳づくり

 # 英会話成功のための念仏と呪文

　今すぐにでも、皆さんに日英の『バイリンガル脳』を体験していただくためには、どうしなければならないでしょう？
　皆さんにはもう「日本語脳」ができているのですから、後は「英語脳」を養えば良いだけですね。
　その手っ取り早い方法ですが、それはまず今から、

> "Sorry, pardon (me), please guess."「ソーリ、パードゥン（ミー）、プリーズゲース」

を続けて**念仏**のように声を出して何回も唱えること（＝「(発)声唱」）です。周りの事情から声を出せないときは、口や舌を動かしながら息だけで唱えましょう。ちなみに、私達はこの唱え方を「(発)息唱」と呼んでいます。
　それからまた、これらの語句や文をワン・フレーズずつ１つの文とし、本番の**英会話成功のための呪文（＝まじない言葉）**だと思って何回も唱えて頂かねばなりません。
　これらの**呪文**は１つずつ、相手に向かって次のように気持ちをこめて、すぐきちんと言えるようになる練習をすることが肝心です。そのためには一人で鏡に向かって練習するのが一番良いと思います。

　　（１）"Sorry?"「ソーリ？」
　　　『えーっ、何とおっしゃった？？』あるいは
　　　『えっ、何て言った？？』

という気持ちをこめて。

（２）"Pardon (me)?"「パードゥン（ミー）？」
『それはどういう意味ですか？？』あるいは
『それ、どういう意味？？』
という気持ちをこめて。

（３）"Please guess."「プリーズゲース」
『（どうか）（言い）当ててみて下さい。』あるいは
『（言い）当ててみて。』
という気持ちをこめて。

　これらを、目線を鏡の中の相手（実は自分）の目から少しはずしたところから言いはじめ、ほほえみながら鏡の中の相手と一瞬目線を合わせて言い終え、相手の発言を心を空にして待つ練習を何度もすることです。
　そうして、本番の英会話時に、これを必要な時にすぐ自然にできるようになれば、もう皆さんの脳はバイリンガル脳への道をかなり歩み、英会話の達人に半分なったようなものですよ。
　なにしろ、これらをマスターして本番の英会話で用いれば、相手の外国人は呪文や催眠術にかかったように喜んで、皆さんの言いなりになりますから。えっ？　そんなこと信じられないですって？　まあ、良いでしょう。半信半疑ならず、一信九疑でもいいです、次に進んで頂ければ。

（なお、このことに関し、いぶかしく思われる方は、次項の後、「終章-１：心に触れる感激の英会話を目指そう」(p190～)を先にお読み頂ければ幸いです。）

　とは言っても、もちろん、**本番の英会話の状況に入らないと、上記呪文の威力を試せませんし、英語脳は養なわれません。**つまり、英会話の

達人への道も歩めません。それも、日本語の全く分からない英語のネイティブスピーカーや英語を話す外国人との本番の会話に入らないと。

　そのような人達と本番の英会話の状況に入る方法は、有料のものから無料のものまで様々あります。
　無料でそうする方法は、よく考えてみれば当たり前のことばかりですが、少し（？）注意が必要と思われるので、これについては本書の第Ⅲ章で詳しくお話します。
　ですから、しばらくの間はテキストを用いない英語でのフリートーキングのクラスや、英会話喫茶に出席されている方々や、英語の話されている国々へいらっしゃる方々、ホストファミリーとして外国人を受け容れておられる方達中心の話になりますが、悪しからず。

　ところで、**こちらの伝えたいことはどうするかというと、英文を用いずに、英単語（または和単語、あるいは慣用句）を１つずつ言うことによってする**のですが、このことに関しては次回から詳しく解説していきます。これは本番の**英会話学習が主として、英語学（習）ではなく、心理社交学（習）だということがわかれば、すぐできることです。**
　それから、より適切な言葉が見つからなかったので、本文では「呪文」という言葉を使いましたが、ご存知のようにこれには「まじないの言葉」という意味のほかに「のろいの言葉」という意味もあります。そこでほんとうは「愛（情）を込めたまじない（の言葉）」という意味で「愛呪」とでもしたいところです。
　最後に、本書の英語のカタカナ表示の発音に関しては「第Ⅲ章-1：1分で英単語1つの意味を教えてもらおう」の【注】(p117)をご覧ください。

 毎回、即座の直感的発言法

　ところで、前回紹介した3つの呪文（英語表現）のうち、前二者の "Sorry?" と "Pardon (me)?" は、実は「相手の発言のきちんとした理解」のための『問題解決（対処）の表現』です。（ちなみに、この "Sorry?" と "Pardon?" あるいは "Pardon me?" はどれも同様な意味で、どれを先に使ってもかまいません。その場の状況に応じて聞き取り、あるいは理解に対する問題解決の表現となります。）

　そして、後者の "Please guess." は「私達のきちんとした表現」のための『問題解決（:対処）の表現』です。

　これら3つの簡単な表現を気持ちをこめて使いこなせれば、後は、

（4）相手の発言の一部、あるいはその英単語1つをはっきりとまねて言うことと、

（5）こちらの言いたいことの（最も）重要な英単語、あるいは和（日本語）単語1つを相手に向かってはっきりと言うこと。

　これらができれば、日本語の全く分からないネイティブスピーカーや外国人達ときちんとしたコミュニケーションが即座にできていきます。（ちなみに、ここに言う「英単語1つ」や「和単語1つ」は、その意味に自信のある「決まり文句」の場合だけ、2語以上言ってもよいとします。）

　そして、この（5）で、こちらの言いたいことの（最も）重要な英単語（英語句）を1つ言った場合、相手は必ずと言ってよいほどその意味内容を英文で確認してきます。通常、

　(Ah,) You mean, 〜 .

　〔(ああ，) あなたのおっしゃっているのは〜ということですね。／君の

言っているのは～ということだね。〕

という形です。

そして、**その言い当てはたいがい当たっているのです。**

さらに、その英文は通常、生きた英文です。**その発話はそのネイティブスピーカーや外国人達にとって、正しく自然（/慣用的）な英文であるだけでなく、その音声も、表情やジェスチャーもその場や話の流れからして自然な気持ちのこもったものでしょう。**

ですから、その英文がこちらの言いたいことを表していると直感したら、**即座に**その英文をそっくりそのまま（気持まで）まねて言うのです。

ちなみに、ここに言う**「即座に」**は、「（相手の発言が終わってから）**2秒以内に自分の発言を始めて**」ということです。

あるいは、少なくともまねて言おうとするのです。

次の形式で。

Yes, (I mean) ～ .「イエス、（アイミーン）～．」

〔そう（です）。（私の言っているのは）～（ということです）。〕

という。

もし、その英文がこちらの言いたいことを表していないと直感的に思ったら、

No.〔いいえ。/違います。〕あるいは、

Well.「ウエーヨ」〔そうですね、えっーと。〕

と即座に言って、その2番手の重要英語句をもう1つ言ってあげるのです。そうすれば（あるいはこれを繰り返せば、）こちらの言いたいことがきちんと伝わり、相手はそれを自然な英文にして確認してきます。

それでよいと思ったら、どうしたら良いかもうお分かりですね。上と同様、即座に "Yes, (I mean) ～ ." をいうことです。が、それほど自信がなかったら、

"**Yes, I think so.**"〔はい、そう思います。〕

あるいは、

"**Well, I guess so.**"〔そうですね。そうかも（しれません）。〕

第Ⅰ章　やさしい入門英語脳づくり

と言うことです。

　以上、「即座に」という表現を頻繁に使いましたが、この、**相手の発言が終わってから何も考えたり悩んだりしないで、「即座に」つまり「2秒以内に」**（できれば1秒以内に）**直感的に発言することがバイリンガル脳育成に最も重要**です。なぜなら、多分そうすることによって、「**翻訳脳」や「受験脳」から解放され、そうすることによってのみネイティブスピーカーやバイリンガルがしているのと同様な頭脳（：英語脳）による情報処理が可能**だと考えられるからです。私の体験等から。

　ところで、以上の「方法論」だけでは、今一つそのやり方がよく分からないとおっしゃる方も多いかと思うので、次回からいくつかの実際的な会話例を用いてこれを解説していきたいと思います。

　それから、上の（5）で私は「こちらの言いたいことの（最も）重要な英単語、あるいは和単語1つを相手に向かってはっきりと言う」ことをお勧めしましたが、この「和単語1つ」は英単語が分からない場合です。

　が、このことに関しては、「英会話なのに日本語（の単語）を言って良いのか」とか「そんなことをして何の役に立つのか」と不審に思われる方も多いと思うので、本章の終りの「第Ⅰ章-9：なぜ和語句1つなら使って良いのか」(p44)で詳しく解説します。

 聞き取れなくても、理解できなくても

　さて、実際の対話例による解説ですが、外国人（ここでは日本語が全く分からないという想定）と知りあったら、よく突然、

　　外国人：By the way〔ところで〕**, what'syourfAvoritepAstime?**
などと尋ねてきます。

　（注：単語間にスペース無しの表記は、速すぎて聞き取れないことを表し、その大文字表記はアクセントの位置を示しています。）
　そんな時、**聞き取れなくても、意味が分からなくても、全く問題ではありません。**即、
　　皆さん：Sorry??
　　　　　〔すみません、分かりません。／ごめん、何て言った？〕
　または、
　　皆さん：Pardon??　〔えっ、何とおっしゃった？〕
と相手に向かってきちんと（＝目線を合わせて）気持ちを込めて言えば良いだけです。
　（注：'??' はきちんと相手に向かって、応答を求める**気持ちを込めて**言い、そして、心を空にして相手の応答を待つことを表しています。）

　すると、相手はきっと先ほど言った（語句や）文をゆっくりはっきりと、

　　外国人：(I said,〔僕の言ったのは〕**) "What's your favorite
　　　　　　pastime?"**

と言ってくれます。
　が、この時、favorite の意味が分からなくても、pastime の意味が分からなくても問題ではありません。

　皆さん：Favorite?? (Pardon me?)
あるいは、

　皆さん：Favorite pastime?? (Sorry?)
などと言えば良いだけです。
　そうすれば、相手はきっと

　外国人：(Well,) I mean, your best hobby.
　　〔(そうだねー、) 僕の言っているのは、君の一番の趣味だよ。〕
　　My favorite pastime is golfing. Yours?
　　〔僕のお気に入り（の趣味）はゴルフなんだ。君のは？〕
などと言ってくれます。
　そうしたら、相手は '-ing' 形で自分の場合を言っているから、皆さんもすぐに、

　Read**ing**.〔読書です。〕とか、Hik**ing**.〔ハイキングです。〕とか、

　皆さん：Shopping.〔買い物です。〕
などと答えられるでしょう。
　そうしたら相手は大概、確認あるいはちょっとした驚きの意味もあって、

　外国人：Ah, (/ So) you like shopping best.
　　〔ああ、(/ じゃあ)（君は）買い物が一番好きなんだ。〕
　　(/ Oh, you love shopping. Me, too.
　　〔おっ、買い物が大好きなんだ。僕もだよ。〕）
などと言ってきます。
　そうしたら、皆さんはその英文を（一部でも）まねて言うようにするのです。（できれば、you を I や we に変えるなどして自分の立場から。できなくても、そのまま言えば相手は直してくれます。）

　皆さん：Yes, I like shopping best. (/ Yes, I love shopping.)

このように、本番の英会話では、困ったことにはきちんと対処し、相手の外国人の言うことをよく聞けば、問題は必ず**即座に**【※注】解決するのです。

　万が一、今上で言ったようにならなければ、さらに、"Sorry?" や、"Pardon?" を言って対処を繰り返せば良いだけです。

以上解説会話例

外国人：By the way, what'syourfAvoritepAstime?
皆さん：Pardon??〔えっ、何とおっしゃった？？〕
外国人：(I said,) "What's your favorite pastime?"
皆さん：Favorite?? Sorry?
外国人：(Well,) I mean, your best hobby.
　　　　〔(そうだねー、) 僕の言っているのは、君の一番の趣味だよ。〕
　　　　My favorite pastime is golfing.
　　　　〔僕のお気に入り（の趣味）はゴルフなんだ。〕
　　　　Yours?〔君のは？〕
皆さん：Shopping.〔買い物です。〕
外国人：Oh, you love shopping. Me, too.
　　　　〔おっ、買い物が大好きなんだ。僕もだよ。〕
皆さん：Yes, I love shopping.
　　　　〔そうなんです。買い物が大好きなんです。〕

【注】ちなみに、ここで言う「即座に」とは、「会話が滞ることなくその場で」という意味です。が、基本的には前に言ったように「相手の発言が終わって、2秒以内に発言を始めて」ということだと思ってください。

 ## Ⅰ-4 英語脳と日英暗記脳の働きの例

　この「天の巻・信心編」の第1回目で私は、私達（12歳以上の）日本人の脳が日英バイリンガルの脳になるためには、まず、

　"Sorry?"「ソーリ？」〔えっ、何とおっしゃった？〕
　"Pardon (me)?"「パードゥン（ミー）？」〔どういう意味ですか？〕
　"Please guess."「プリーズゲース」
　　　　〔（どうか、言い）当ててみて下さい。〕

の3つを、本番の英会話成功のための呪文だと思って、〔　〕内に日本語で示した気持ちを込めて言えるようになることが肝心だと言いました。
　これらは、日本語が全く分からない英語のネイティブスピーカーや外国人と、私達（12歳以上の、たとえ50代や60代であっても）日本人が英語で本番の会話をバイリンガル脳でする時に最も重要な（入門者用の）表現です。
　これらをマスターするだけで、本番の英会話は全て上手くいきます。ただし、**この場合の「マスターする」とは、**
　「日本語が与えられた時に、その英語がすぐ言える（あるいは、書ける）こと」ではありません。つまり、
　「日本語⇒英語」が即座にできることではありません。
　英日・日英のテストを受ける場合はそれで良いかも知れませんが。
　この場合の「マスター」とは、本番の英会話の状況で、
　「相手が言ったことがきちんと聞き取れなかった時はいつも"Sorry??"（あるいは"Pardon (me)??"）と間髪をいれずに、『えっ、何

とおっしゃった？』という気持ちを込めて相手に言えるようになること」です。つまり、この場合、

「聞き取れないという思い(:認識) ⇒ "Sorry??"」

が即座に、つまり遅くとも2秒以内にできることです。これが「英語脳」の働き（の一例）です。

　ちなみに、この聞き取りや次の理解ができない場合は、相手の発言が終わると1秒以内や、ほとんど0秒、つまり同時に "Sorry?" 等を言えるでしょう。さらに、マイナス1秒やマイナス数秒時に言うこともできないことはありません。が、この相手の発言が終わる前にこちらが発話するのはエチケット違反になることが多いのでお勧めできません。

　話をもとに戻しますが、

「『すみません』や『えっ、何て言った？』という日本語 ⇒ "Sorry?"」

ではありません。これが**日英の「暗記脳」あるいは「受験脳」の働き**です。

　また、相手の言うことが聞き取れ、それ全部またはその一部をまねて言えても、きちんと理解できないようだったら、いつも、間髪をいれずにその単語1つだけでもまねて言い、それからすぐに、"Pardon (me) ??"（あるいは "Sorry??"）と気持ちをこめて相手に言えるようになることです。つまり、この場合も、

「理解できないという思い(:認識) ⇒ 相手の発言（の一部）をまねて、"Pardon (me) ??"」(英語脳)

が即座に（2秒以内に）できることです。

　さらにまた、相手の質問が聞き取れもし、理解もできたが、どう答えたら良いか分からない時や、何をどう答えたら良いか全く分からない時はすぐに、"Please guess." と、これも気持ちをこめて相手に言えるようになることです。つまり、

「答え方が分からないという思い(:認識) ⇒ "Please guess."」(英語脳)

が即座に（2秒以内に）できることです。

　ちなみに、12歳以下の幼少児の場合は、1歳前後から顕在化し、6,7

歳をピークとして働き、12歳前後には消滅してしまう持って生まれた無意識的言語獲得能力（生得的言語獲得力）により、ある言語に接しているだけで、それが2つの言語でも、3つでもほとんど苦労なしにそれらで正しく会話ができるようになります。がしかし、12歳以上の私達は正しい努力をしなければ、新しい言語の正しい習得はありません。

　さて、次回は "Please guess."〔（言い）当ててみて下さい。〕を用いた本番の英会話例を解説したいと思います。

【参考】「第2母語（獲得）と外国語（習得）」

　言語教育や学習においては、私達はそれが1つであれ、2つ以上であれ、12歳前後までに獲得される言語は「母語」であるとし、それぞれ（第1）母語、第2母語、第3母語などと呼びます。

　しかしながら、12歳ごろ以後に学習され習得される言語は外（国）語とし、第1外（国）語、第2外（国）語と呼ぶことにしています。

　これは母語と外語では、基礎の会話力の身に付け方が全く異なり、その相違は重大だからです。

　ちなみに、基礎の会話力の身に付け方が違ったら、その発展の読み書きや、聞き話す能力の習得にも影響が出てくるので、よい影響が出てくるような教授学習法を選ばねばなりません。

　外国語習得のために母語獲得法のようなことをしているだけでは、その外国語のマスターはないでしょう。非常な努力家の天才以外には。(p87〜の「第Ⅱ章-14：母語話者に本物の英会話教師がいる？」もこのことに関連。)

I-5　即座の対処が英語脳を創る

　さて、"Please guess."〔(言い)当ててみて下さい。〕を用いた実際の対話例による解説ですが、米国人(ここでは日本語が全く分からないという想定)に知りあったら、その次に会った時から、よく、

　　米国人：Hi! HowareyoudOing?
などと言ってきます。
　そんな時、聞き取れなくても、意味が分からなくても全く問題ではありませんでしたね。即、

　　皆さん：Sorry??
　　　　　〔ごめん、何て言った？／すみません、分かりません。〕
などと相手に向かってきちんと言えば良いだけでした。
　そうすると、相手はきっと先ほどよりもゆっくり、はっきりと、
　　米国人：I said,〔次のように言ったんですよ、〕"How are you
　　　　　doing?"〔(あなたは)どうしていますか？〕
と言ってくれます。

　このとき、少しは英会話というものを学んだことのある皆さんは、それが "How are you?"〔(あなたは)どのようですか？／お元気ですか？〕とも、"What are you doing?"〔(あなたは)何をしているところ(＝最中)ですか？〕とも**異なる**ことに気付かれるかどうかが問題です。
　ですから、"I'm fine, thank you."〔元気です。ありがとう(ございます。)〕は**不適切な応答**ですし、"I'm going home."〔家に帰るところです。〕や、"I'm speaking to [with] you."〔あなたと話しているところで

す。〕等は**全く的外れの応答**です。

　こんなややこしい問題も、相手に向かってきちんと、
　　皆さん：Please guess.〔(言い) 当ててみて下さい。〕
と言えば、即座に解決します。
　そうすれば相手はきっと、
　　米国人：Sure, I guess 'you're doing good'.
　　　　〔もちろんいいよ、「(君は) 元気にしている」んじゃないかな。〕
と喜んで、あるいは何の苦もなく言い当ててくれます。

　このとき、相手が言い当ててくれた部分は 'you're doing good' ですから、
　　皆さん：Yes, I'm doing good.
　　　　〔そう (です)、私は元気にしています。〕
と応えられたら最高ですね。
　そうしたらきっと、
　　米国人：Very good.
と言ってくれますよ。

以上解説会話例

　米国人：Hi! HowareyoudOing?
　皆さん：Sorry??〔すみません、分かりません。〕
　米国人：I said,〔次のように言ったんだよ、〕"How are you doing?"
　　　　〔「どうしてる」って。〕
　皆さん：Please guess.〔(言い) 当ててみて下さい。〕
　米国人：Sure, I guess 'you're doing good'.
　　　　〔もちろんいいよ、「(君は) 元気にしている」んじゃないかな。〕
　皆さん：Yes, I'm doing good.

〔そう（です）、（私は）元気にしています。〕
米国人：Very good.

・・・・・・・・・・・・・・・・・・・・・・・・・・・・・・・・・・・・・・・

　以上のように、**いつも即座に、つまり2秒以内に適切な応答をして**いけたら、「英語脳（の働き）」で英会話をしていて、日本語を母語とする私達は日英の「バイリンガル脳」でそれをしていることになります。
　これは、**わずか2秒の間では、聞き取った英語を和訳して理解し、言いたいことを和文英訳しているひまはないから**でしたね。
　つまり、そうすれば皆さんの応答が、
「英語、即 ⇒ 思い（や認識）」そして、「思い（や認識）、即 ⇒ 英語」
　（以上、英語脳）
しかできないからです。

　ところでここで、入門レベルの方々が本番の英会話法を学ぶ上で非常に重要なことに少し触れさせて頂きます。
　それはノーベル平和賞を受けられたマザーテレサさんが亡くなっていく人達を相手になさった、思いやりのある会話法ほどではなくても、微笑みながら全霊を相手にささげるようなつもりで対処の表現や語句1つ（ずつ）を相手に向かって言っていくことです。
　そうでもしないと、すぐ英日・日英の邪念が頭を支配してしまうようですから。またきちんとそうすれば、(つまり『愛呪』によって邪念を追い払えば、)相手の外国人と魂が触れ合うような素晴らしい会話ができていきますよ。

Ⅰ-6 母語話者でも分からないことがある

　ところで、こう言うと信じない人も多いのですが、**英語のネイティブスピーカー達でさえ英会話をしていて、聞き取れないことも理解できないことも、どう表現したら良いかわからないことも間々あるのです。**
　ただ、そんな時には必ず、即、問題対処（:解決）の表現を使って互いに協力し合い、その問題を解決して会話を進めていっているだけです。
　次の会話は、私がかかわっている英語塾のパーティで、共に新任のアメリカ人ボブ先生とイギリス人ディック先生の間で実際に交わされた言葉の大体の写しです。

・・・・・・・・・・・・・・・・・・・・・・・・・・・・・・・・・・・・

　ボブ（米国人）: Dick, how did you get here?
　　　　〔ディック、どのようにしてここに着いたんだい？〕
　ディック（英国人）: You mean, 'come here'?（1）... By tube.
　　　　〔「ここに来た」ってこと？... チューブでだよ。〕
　ボブ: (What?) 'Tube'?? What's that? (= Sorry?)（2）
　　　　〔(何だって？)「チューブ」だって？　何だい、それは？〕
　ディック: I mean, (by) underground.
　　　　〔僕の言っているのは、地下道だよ。〕
　ボブ: 'Underground'? Did you walk here?（3）
　　　　〔「地下道」だって、ここまで歩いたのかい？〕
　ディック: No. By train, underground train, you see?
　　　　〔いや、電車だよ。地下の電車、分かるだろう。〕
　ボブ: Ah, by subway.〔ああ、地下鉄でってこと。〕
　ディック: 'Subway'?（4）〔「地下道」だって？〕

35

ボブ: Yes.〔そうだよ。〕
ディック: Oh, you call it 'subway'.
〔あっそうなんだ、そちらでは地下鉄を「地下道」って呼ぶんだ。〕

ところで、以上の(1)～(4)は**相手の発言が理解できない時の対処の表現**か、あるいは、**不確かな(つまり、よくは分からない)時の確認(つまり対処の)の表現**でしょう。

そして、たとえこのように、**問題対処(問題解決)の表現がいくつ入っていても、これは立派な(英)会話**でしょう。**話がかみ合っている**でしょう。言葉のラリー(連続したやり取り)が全て上手く行っていますね。

それは意思伝達上の問題が起こっても、結果として言いたいことの全ポイント(重要点)が正しく伝達し合えているということです。

1つの語句や単文の発話は、1つの伝達ポイントを持っていると考えられます。(重文や複文は2つ以上の伝達ポイントを持っているとします。)それら全てをきちんと伝え合うつもりで本番の英会話学習をすることが、特に入門や初級レベルで重要です。

ところで、この会話例の解説は次回に少し詳しくさせて頂くとして、本番の会話をしていると、相手の発言の**聞き取り(1)**やその**理解(2)**、それに対する私達の**考え(:判断,知識)(3)**やその**作文(:表現)(4)**や**発音(5)**を正しくしなければなりません。

この(1)～(5)を、英語を外国語として学ぶ私達日本人が本番の英会話をする場合の「**5つの難関**」と私は呼んでいるのですが、これらを**一気に完璧にやろうとか、そうしたいとか思ってはいけません**。

これは本番の英会話の他に、即座性の強い英語でのディスカッションや、英語での質疑応答、それに面接試験の場合も同様ですが、一気に完璧にできるようになるような学習や練習ばかりしていてはいけません。

第Ⅰ章　やさしい入門英語脳づくり

絶対に。

　ところで、英語や英会話学習の**「暗記暗唱法」**は、よく考えてみると、本番の**英会話や英語でのディスカッションや質疑応答等を、聞き取りや理解、判断や知識、表現や発音の5つの難関全てにおいて、即、(ほとんど)完璧にしようとする、あるいはそれらが(ほとんど)完璧になってからしようとする方法**でしょう。

　それは、相手の言ったことが聞き取れなくても、また、語句や文法が分からず理解できなかったり、誤解したりしても、これらによって**起こる問題に対処したり、解決したり一切しないで、即座にきちんと意思伝達していこうとする方法**でしょう。

　そんなこと、ネイティブスピーカーでも不可能ではありませんか。ましてや、**英語を外国語として学ぶ私達には明らかに不可能**です。

　ですから、暗記暗唱法のみによる教育や学習法では、英語や英会話の**本当のマスターは絶対にありません**。

　英日暗記暗唱脳で本番の英会話に臨み、しばらくの間でも言葉のやり取りができた場合、相互コミュニケーションという観点からは**大概、無茶苦茶**か、私の高校3年生の時のように(注：p160～参照)**身勝手で一方的な話**になるかしかありません。

37

Ⅰ-7 言語中心から心理社交術中心へ

　前回掲載のボブ先生（米国人）とディック先生（英国人）の会話の解説ですが、米国人は通常「地下鉄」のことを '(a) subway' といい、英国人はそれを '(an) underground' と言ったり、'the Tube' と言ったりしています。英国人の中には 'the Metro' と言う人もいるようですが。

　しかし、米国人にとって 'tube' は通常、「管」や日本語で言う「チューブ」しか表しません。（たまに「ブラウン管」や「テレビ」（俗）を表しますが。）
　ですから、ボブさんの「どのようにしてここに来たんだい？」という質問に対して、ディックさんが "By tube.（チューブでだよ。）"と答えた時、ボブさんは全く理解できなかったのです。
　しかしボブさんは困ったり、考え込んだり、悩んだり、自分の語彙力の至らぬ事を悔やんだりは一切していません。ここが大事です。
　つまり、即座に
" (What?) 'Tube'?? What's that? (2) "
〔(何だって？)「チューブ」だって？　何だい、それは？〕
と対処の表現をきちんと相手に言っています。
　これに対して、ディックさんは、
"I mean, (by) underground."
〔僕の言っているのは、地下道（で）だよ。〕
と即、言い換えてくれました。（つまり、その理解に協力してくれたのです）。
　が、この直前の会話情報からして、ディックさんがここに来る前にい

第Ⅰ章　やさしい入門英語脳づくり

たところからは歩いて来れないとボブさんは思ったので、まだよく分からず、すぐに、
　"'Underground'? Did you walk here?（３）"
〔「地下道」だって、ここまで歩いたのかい？〕
と対処の表現を相手にきちんと発しています。

　以下、この会話自体の解説は、（１）も（４）も対処（これらの場合、確認）の表現であることだけで省略しますが、このように、ネイティブスピーカー同士でも会話をしていたら、意思伝達上の問題が起こったり、不確かなことがあったりするのです。

　そして、そのような時には、彼らでさえ即、それに対する「対処（問題解決）の表現」をきちんと相手に向かって言い、お互いに協力し合って問題を解決し、会話を進めているのです。

　ですから、私達もそうするようにしましょう。

　理解できなくて困ったり、正しい英語を思い出そうとしたり、考え込んだり、悩んだり、悔やんだりしていてはいけません。

　ところで、**対処の表現と言っても**、上の（２）"What's that?" や（３）"Did you walk here?" 等々、ネイティブスピーカーやバイリンガルの人たちが用いるものは様々です。

　が、**この方法で学習していけば、皆さんも近いうちに様々な対処の表現が使えるようになるでしょう**。それから、対処の表現として、**"Sorry?"** や **"Pardon (me)?"** や **"Please guess."** をお勧めしているのは、これらの表現が簡単で、きちんとさえ用いれば相手が見知らぬ人や目上の人でも、また何度使っても失礼にならないと思われるからです。

　さて、例えば、上の（２）の **"What's that?"** に関連してですが、「『それは何ですか？』って英語でどう言いますか？」と英語や英会話の日本人学習者に尋ねるとほとんど皆、"What is it?" とか、"What's that?" などと正しく答えられる。

　にもかかわらず、**本番の英会話をしていて、知らないあるいは不確**

39

かな語句、例えば 'a dormant volcano' や 'an eruption' などという語句が出てきて、『それは何かな』と思っても、即座に "What's that?" とか、"(An) Eruption? What is it?" と言える人がまれなのはどうしてでしょう？
　いや、ひょっとしたら、『それは何かな』と思う間もなく、その英語の語句（この場合、'dormant' や 'volcano' や 'eruption'）に相当する日本語を必死に思い出そうとなさっているのではないでしょうか。たとえ、それらの英単語を見たことも、覚えた記憶もない場合でも。
　日本における英語の受験の状況なら、それも分かるのですが、**(本番の) 英会話の状況では、即座の応答がエチケット**ですよ。
　どうしてそんな風になってしまったのか、もうお分かりでしょう？それは、英会話の学習時に、起こる問題に対しては受験時のように黙って考えるよう長い間習慣付けられてきたからですね。
　本番の英会話のような即座のコミュニケーションのためには、このような翻訳と言語発表中心の習慣は捨て、新しい心理社交術中心の習慣を身に付けねばなりません。そして、そうすることが、その正しい言語習得を飛躍的に速く、かつ確実なものにするのです。信じて下さい。

Ⅰ-8 こちらから話したいことがある場合

　本番の英会話をしていて、相手の発言が聞き取れない時は、即 "Sorry?"「ソーリ？」〔えっ、何とおっしゃった？〕と言い、理解できないときは、(できれば**相手の言った英単語１つだけでもまねて、**) "Pardon (me)?"「パードゥン（ミー）？」〔どういう意味ですか？〕と言って、相手の言うことをよく聞くのでしたね。
　それでもだめだったら、以上を "Sorry?" から、きちんと理解できるまで落ち着いて繰り返すのです。
　理解できていないのに、できた振りをしてはいけません。
　もし、相手が質問してきて、何をどう答えたらよいのか分からない場合は、
　"Please guess."「プリーズ・ゲース」〔どうか言い当てて下さい。〕と言って、相手の言うことをよく聞いて対応するのが良いのでしたね。
　が、**以上は、話の内容が相手主導の場合**です。

　今回からは、何かこちらから言いたいことや話したいことがある場合です。
　みなさんに言いたいことがある場合、**入門レベル**では、その**言いたいことの（最）重要英語句（英語の語句）を１つ、相手に向かってきちんと言えば良いだけです。**

"You know「ユーノオウ」, (最)重要英語句１つ."
または、
"(最)重要英語句１つ, you see「ユースィー」?"

の形式で。
　ちなみに、"You know," は「あの(ーです)ね、」にあたり、", you see." は「分かりますか？/分かる？」にあたります。
　その(最)重要和語句(：日本語の語句)は分かるが、その英語が分からない場合は、その英語句は何かと考えてはいけません。
　即、その(最)重要和語句(：日本語の語句)を1つだけ上の形式で、これもきちんと相手に向かって言えば良いだけです。
　ただしこの場合、その(最)重要和語句に最初だけは、敬語(特に「です」「ます」)や様々な気持ちを表す終助詞(わ、わよ、の、のよ、よ等)を付けて良いでしょう。その方が表現が自然になりますから。
　外国人：What's up,〔何かある〕(皆さんの名前)？
　皆さん：You know, 憂うつな-の
　(/憂うつな-のよ/憂うつな-ん-だ/憂うつ-です-の-よ等)
　が、そうすると、日本語の全く分からないネイティブスピーカーや外国人は『えっ？』と言う顔をして、大概その和語句を『こう言いましたか』という顔をしてまねて言ってきます。あるいはまねて言おうとします。
　この和語句を言ったことに対して『英語のレッスン』ならいざ知らず、『本番の英会話』では誰も「英語で言いなさい。」と注意したり、腹立てたり嫌がったりしません。
　相手の外国人がまねてその和語句を発音したら、そのまねの上手さに応じて、
　"Yes, very good!"「イエース/ユエース、ベェリグー(ド)」〔そうです。とても上手です。〕とか、
　"Well..."「ウエヨ...」〔そう(です)ねー...〕とか、
　"No,"〔そうじゃありません、〕とか言って、もう一度その和語句をきちんと言ってあげるのです。
　そして、その間に、それを実物を示して知らせるか、絵を描いて知らせるか、(顔の)表情やジェスチャーで知らせるか、別のやさしい語句で

知らせるか、"Please guess." を言うかを決めるのです。

相手はすぐに、

"What's that?"〔それは何ですか？〕とか、

"What does it mean?"〔それはどういう意味ですか？〕などと尋ねてきますから。

ちなみに、この**「憂うつな」場合の別のやさしい語句**は、(very) sad や unhappy です。あるいは少し違いますが、feel(-ing) bad〔気分が／体調がよくありません。〕でも良いでしょう。その本当の気持ちはその後の話し（合い）で分かりますから。

次回は「英会話なのに和単語や和語句を言って良いのか」という重要問題にお答えします。

そして、**次々回から十数回は、皆さんに話したいことがある場合のコミュニケーション法を、実践例を用いて解説したいと思います。その方法は、初級だけでなく、中上級のバイリンガル脳を養うのにも、決定的に重要です。**

I-9 なぜ和語句1つなら使ってよいのか

　さて、
「英会話なのになぜ和語句を言って（使って）よいのか？」という問題ですが、逆に「英会話ではなぜ和語句を使ってはいけないのでしょう？」
　日本語の話せない外国人が日本に来て道に迷った時、彼らは何の躊躇もなく英語や母（国）語を使って、街行く日本人に助けを求めてくるでしょう。
　これを私達が拒否しなければ、彼らとの会話に入るわけですが、**彼らは皆、日本では日本語での会話が日常であり、英語をきちんと話せる日本人はまれであることぐらいよく分かっているでしょう。**
　それなのに、彼らはなぜ "Excuse me." 「エクスキューズミー」〔ちょっと恐れ入りますが〕などと言ってくるのでしょう。
　それは、
（1）見知らぬ人に話しかける時の、彼らにとってあるがままの言語能力は "Excuse me." あるいはこれに相当する彼らの母語の発話であるからです。
　　　会話というものは、これをするその時々にあるがままの能力で、直感的にするものです。
（2）彼らはまた、即座の相互意思伝達である会話に入れれば、世界中のどこであってもそれは友好的に、つまり、互いに助け合って行われるものと、（無意識のうちにも）よく分かっているからです。
　そしてまた、このことが最も重要なのですが、

第Ⅰ章　やさしい入門英語脳づくり

（3）彼らは会話ではそこで使われる言語が何語であるかよりも、即座のきちんとしたコミュニケーション（意思伝達）の方がはるかに重要であることも、（無意識のうちに）分かっているからです。

さらにこの場合は、

（4）母語（言葉）は通じなくても、行き先の名刺や地図を用いれば、いや、行き先名を伝えるだけでも、後はジェスチャーや（顔の）表情で何とか伝え合えるだろうと直感的に思うから母語ででも話しかけてくるのでしょう。

ですから、私達日本人も、言いたいことをきちんと表す英語の語句や文を知らなかったり、不確かだったりしたら、日本語を使ってよいのです。たとえ**相手が日本語の全く分からない外国人であっても**です。

が、この日本語を使う場合、**より良いコミュニケーションのためには、言いたい事を表す（最も）重要な和語句1つだけにしておくのが良いの**です。

ちなみに、この和語句に対する良識のある外国人の意識は、単なる未知の英語句1つとほとんど同様でしょう。そして、**この和語句1つは相手の外国人にとって、数学の方程式における「未知数x」のような働き**をし、それを用いてきちんとコミュニケートしていくと、そのうちそれが何を表しているか相手にたいがい正しく分かるのです。

このことと関係があるので、一言。前回、私は「憂うつなの」がすぐ英語で言えなかったら、**別のやさしい語句**（very) sad や unhappy（や feel (-ing) bad）でも良いと言いましたが、**その後、きちんとコミュニケートしていけば、その内容からそれが実際のところどんな気持ちなのか相手にきちんと分かってきます**。

そして、そのやさしい英語句が不適切なら、その気持ちを的確に表す語句（例えば、**feel blue / feel low / feel depressed** 等）を何らかの形できっと言ってくれます。

話を元に戻しますが、**そんな和語句が2つならまだしも、3つ以上、**

特にたくさん言うと相手の外国人も困るでしょう。また、後でそれらがどういう意味か一度に尋ねてこられても、こちらも難儀するでしょうから、**入門や初級レベルでは、そのような和語句はできるだけ1つにしておくのです**。

　1つにしておけば、相手もその場の状況や話の流れからそれがどういう意味か正しく分かりやすいのです。

　もちろん、その意味内容がきちんと通じたようなら、また別の1つなら和語句を言ってもよいことになります。**相手に意味が分からない和語句を3つ以上同時に言ってはいけません**。和語句1つずつを守っていても、結果として同時に2つになってしまうことがあります。（ちなみに、この場合、未知数 x と y の連立方程式のようになり、より難しくなります。）が、そんな場合はそうして話を進めるのも仕方ないでしょう。

　「会話」とは、即座の（つまり、その時あるがままの能力で直感的にする、）友好的な（つまり、互いに協力し合ってする）相互コミュニケーション活動です。それは、習得した言語能力の相互ショウでも、ワンマン・ショウのし合いでも決してありません。

第Ⅱ章 初級バイリンガルに向かって

Ⅱ-1　"What's up?"「何かある？」

　皆さんに、何か話したいことがあって、それがたとえば、
　（１）『SAMYカルチャーセンターで象嵌(or 彫金 or 篆刻)を5年間習っていて、作った作品が初めて入選し、美術展に出展してもらえて、とてもうれしい。』
あるいは、
　（２）『今朝、仏壇を掃除していたら、膝が畳の上に置いていた香炉にぶつかってそれが倒れ、たくさんの灰が畳の上にこぼれてしまった。何て迂闊な自分なのか。嫌になってしまった。』
のようなことであっても、これらを日本語の全く分からない外国人との会話で相手に伝えることは、私達の方法（HCバイリンガル法）では簡単でたのしいことであるはずです。
　さて、どうしたらよいか分かりますか？

　本番の英会話ではその発言はとっさのことなので、通常、上の（１）や（２）に示したようなきちんとした考えはないでしょう。
　前もって話すことを決めてきた場合はこの限りではありませんが。
　相手が突然、
　"What's up?"「ウワッツアップ」〔何かある？〕とか、
　"Anything new?"「エニスィングニュウ？」〔何か変わったことある？〕
と尋ねてきたその瞬間です。
　その瞬間にどんなことを言うかだけ直感で決めるのです。
　たとえば、（１）の「象嵌のこと」か、（２）の「灰をこぼしたこと」か、

あるいはその他のことかを。

会話は即座で非公式な活動なので、どんなにつまらなそうなことでも、いつもと違って、感じるところがある物事なら何でもよいのです。

 （3）朝、目を覚まし時計を見てあわてたが、その日は祝日だったのでうれしくなり、もう一度眠った。

とか、

 （4）先ほど、コンビニでお金を払おうと思ったら財布がなかなか見つからず、恥ずかしい思いをした。

とか、さらには、

 （5）最近買ったもの、見た珍しいもの、初めてしたこと、すること（などについて）。

等々。

 ただ、本番の英会話において、このような話をする時によく分かっておいてもらいたいことは、**英語のネイティブスピーカーやバイリンガルたちが知りたいのは、ある物や事実（事件や出来事）に関する私達日本人の感想や意見である**ということです。

 事実だけ伝えてそれで終わりにすると、彼らはそれを自分に関係のないこととしてとらえ、「なぜそのような話を私が聞かなければならないの？」とか、「なぜそのような話を僕にしたのかな？」等という気持ちになるようです。

 その事実に対する感想や意見を述べたり求めたりすると、そのことが同情したり意見を交換したりするきっかけとなり、両者に関係が生まれますね。

 つまり、このような話では、

結論の（あるいはその近くの）私達の感想や意見（を表す言葉）が最も重要となるのです。

 ところで、**"What's up?"** とか **"What's new?"** 〔何かある？〕あるいは、**"Anything new?"** 〔何か新しい(:変わった)ことある？〕といわれ、何もなければ、

"Not much." 「ナッマーチ」〔たいしたことないです。／これと言ったことありません。〕とか、
　"Nothing (in particular)." 「ナスィング（インパティキュラ）」〔（特に）ないです／ありません。〕
などと言えばよいだけです。
　ちなみに、この問いと否定の応答はアメリカやカナダで頻繁に使われ、ほとんど会った時の挨拶（の決まり文句）のようになっています。でも、私達は英会話マスターのための実践的チャンスとして、ごく簡単なことでよいから言ってみるようにしましょう。
　さて、たとえば直感的に上の（１）の「象嵌の作品入選」の話をすることにした場合、まずは第一声、何をどう言ったらよいでしょう？
　ところで、この（１）をトピックとするのは難しい方です。
　が、これを基に、初級や中上級レベルにも触れますが、この入門レベルの伝達法だけを次回から詳しく解説することにします。その伝達法の原理は何をトピックとしても同じで、後はこの例に倣えばよいだけですから。
　ちなみに、その入門レベルのごく初歩的な方法は初級だけでなく、中・上級レベルのバイリンガル脳を養う場合の基礎（土台）となり、決定的に重要なものですから、くれぐれもおろそかになさらないようにお願いします。

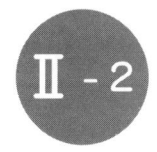

第Ⅱ章 初級バイリンガルに向かって

Ⅱ-2 英語での説明は結論から先に

　前回の話では、相手の外国人が突然、
　"What's up?"「ウワッツアップ」〔何かある？〕とか、
　"Anything new?"「エニィスィングニュウ？」〔何か変わったことある？〕あるいは、"What's new?"「ウワッツニュウ？」〔何が新しい?〕などと尋ねてきたらその瞬間、直感的に何について話すか決めるのでしたね。
　が、即座にそうできない時は、
　"Well,... Let's see..."「ウエーヨ、... レッツスィー...」〔そうですねー... えーっと...〕
と言いましょう。そして、今かりに、直感的に（１）の、
　『SAMYカルチャーセンターで５年間象嵌を習っていて、作った作品が初めて入選し、美術展に出展してもらえて、とてもうれしい。』
に決めたとします。そうしたら、入門レベルの皆さんは**その１番最後の、そうできなければ最後から２番目の重要内容語（名詞か動詞か、形容詞か副詞）を１つだけ、相手に向かって心を込めて言えばよいだけ**です。
　通常、私達日本人の話の１番最後の重要内容語は、感想や意見を表し、その話の結論であり、最後から２番目はその感想や意見の、直接の具体的原因（＝事実）を表します。
　即座の応答をしなければならない**英会話やディスカッションでは、入門者にとって、このいずれか一つを真っ先に言うことが決定的に重要**です。
　この場合、どちらが先でもかまいません。つまり、
　１）結論の「感想や意見」⇒その直接の原因となっている「具体的事

51

実」

　　2）結論に一歩手前の「具体的事実」⇒その直接の結果としての「感想
　　　や意見」

の順であっても。

　ちなみに、英語のネイティブスピーカーやバイリンガルの人達は、この2）の方の発想順を好むようですが、**英語を外国語として学ぶ、初心者の私達日本人は、1）の方が簡単で無難です。**（中上級レベルの人はこの限りではありません。）

　なぜなら、感想や意見の表現は最低、英語の形容詞、good（良い）や not good（良くない）や bad（悪い）、あるいは、happy（うれしい、幸せな）や sad（悲しい）や angry（怒っている）1つで済むからです。

　また、結論に一歩手前の「具体的事実」を先に言った場合、日本人発想（順）に影響され、話が結論の感想や意見に行かず、他所に行ってしまいがちですから。

　以上は、よく**英語での説明**に関して言われる「**結論から先に**」の具体的解説になっているかと思います。

　さて、話を元に戻しますが、初心者の皆さんは、1番最後の重要内容語は「うれしい」ですから、まずは次のように言えばよいだけです。

　"Happy!"（または "Glad!"）あるいは、「第1章-8：こちらから話したいことがある場合」（p41下方）でお話したパターンを用いて、

　"You know, happy." または

　"Happy, you see." と。

　ちなみに、**このパターンに慣れて用いると英会話が上手に聞こえます。**

　そうすると大概相手は、英文で、

　"You mean, 'you are happy now'?"

　〔「あなたは今、幸せである」ってこと（ですか）？〕

と尋ねてきます。

これは皆さんの言いたいことを（言い）当ててきているのです。あるいは、きちんと確認してきている（対処の表現）とも考えられます。

　ちなみにこのネイティブスピーカーの言い当てや確認は、時間的にも空間的にも、通常、会話をしている時に最も身近な「今、ここ（の物事）」から発想し始め、より疎遠な時や場所や物事に向かいます。（このことに関しては、英語の手紙やはがきの宛名書きや、第Ⅱ章-4の「英語発想順」を参照下さい。）

　さて、この言い当ては、大概ずばり当たるか、あたらずとも遠からずです。なぜそうなるかには、大きく分けて3つの理由がありますが、この理由については次回に解説します。

Ⅱ-3 英会話習得・決定的３つの認識

　さて、今解説しているのは、英会話の入門レベルの皆さんが、
『SAMYカルチャーセンターで５年間象嵌を習っていて、作った作品が初めて入選し、美術展に出展してもらて、とてもうれしい。』
というこを相手に伝えたい場合でしたね。
　入門レベルの方々は、これを結論から重要英語句１つずつで伝えていくわけですが、以下の会話の解説は終わっています。ただし、相手の外国人は、少し親しくなったディック（Dick）さんとしておきます。

Dick：What's up?「ウワッツアップ？」〔何かある？〕
　　　（または、**Anything new?**「エニスィングニュウ？」〔何か新しいことある？〕）
皆さん：Well,... Let's see...「ウエーヨ,... レッツスィー...」
　　　〔そうですねー... えーっと...〕
　　　You know, happy.「ユーノウ、ヘァピイ」〔あの（ーです）ね、うれしいの。〕
Dick：You mean, 'you are happy now'?「ユーミーン、ユーァヘァピイ、ナーウ？」
　　　〔（「あなたは」今、うれしい」ってこと（ですか）？〕

　ところで、この会話に関し、前回の終わりに、相手の **"What's new?"** 等に対して、**"Happy."** ということさえ伝えれば、相手は大概、

"You mean, 'you are happy now'?"〔「あなたは今、幸せである」ってこと（ですか）？〕とこちらの言いたいことを（言い）当てて来て、**この言い当ては、大概ずばり当たるか、あたらずとも遠からず**という話をしました。

　そして、これには３つの理由があるということでしたが、その１つは、
　A. 私達の発言が英語の発想順になっているからです。
　（たとえ単語１つであっても、皆さんの話したいこと全体からして。）
　もう１つは、本書の「第Ⅰ章-9：なぜ和語句１つなら使ってよいのか」でも触れましたが、
　B. 会話とは、当事者が協力し合って互いにきちんと意思伝達するものだと相手の外国人はわかっているからです。
　（ただし、相手の協力を得るためには、対処の表現等を用いてはっきりとそれを求めねばなりませんが。）
　最後の１つは、
　C. 私達は英会話の初心者ですが、相手はその達人ですから、余計なことや、文法的に誤った英文を言わない限り、話の状況や流れから私達の言いたいことがたいがい彼らに分かるからです。
　ところで、**この３つのことがらは英会話のマスターに決定的に重要**です。この３つのことの理解と、しっかりとした認識と応用なしに、英語を外国語として学ぶ私達に英会話の短期間でのマスターは絶対にありません。

　さて、会話をしている相手の外国人が
　"You mean, 'you are happy now'?"
　〔「あなたは今、幸せである」ってこと（ですか）？〕
などとこちらの言いたいことを言い当ててくれ、あるいは確認してくれ、そのとおりである場合には、その相手の言った英文を利用して、（ただし、この場合できるだけ、'you are' は 'I am' にかえて、）
　"Yes, I'm (very) happy now."

〔そうです、私は今（とても）うれしいのです。〕
とこれも相手に向かって気持ちを込めてきちんと言うようにするのです。そうじゃない場合は、
　"No, Sorry."
〔そうではありません、残念ですが。〕
と言ったり、それが「この前の日曜日」のことだったら、
　"No, last Sunday."「ノウ、ラース（ト）サンデイ」
と言えば良いだけです。
（ちなみに後者の場合、相手はきっと "(Ah,) You were happy last Sunday." 〔(ああ、)この前の日曜日にうれしいことがあったのですね。〕とこちらの言いたいことを英文で確認してくるでしょう。）
　相手の言い当てが当たっているのかいないのか不確かな時は、例の
　"Sorry??" や **"Pardon (me) ??"**
あるいは、
　"I'm not sure."「アイムナッシュァ」
〔不確かです。／よく分かりません。〕
を相手に向かってきちんと言うことです。
　そして、**全身全霊で相手の発言を受け入れるつもりで待つことが肝心です**。余計なことを言ったり考えたりしないことはもちろん、心穏やかに、できれば笑顔で。後はその相手の発言にきちんと応答していくだけです。

Ⅱ-4 決定的に重要な『英語発想順』

　話は、本番の英会話でとっさに、『SAMYカルチャーセンターで5年間象嵌を習っていて、作った作品が初めて入選し、美術展に出展してもらえて、とてもうれしい。』ということを相手に伝えたい場合でしたが、以下の解説は終わっています。

> Dick：What's up?〔何かある？〕
> 　　　（または、Anything new?〔何か新しいことある？〕）
> 皆さん：Well,... Let's see...〔そうですねー... えーっと...〕
> 　　　You know, happy.〔あの（ーです）ね、うれしいの（です）。〕
> Dick：You mean, 'you are happy now'?
> 　　　〔(「あなたは」) 今、うれしい」ってこと（ですか）？〕
> 皆さん：Yes, I'm (very) happy now.「イエス、アイム（ヴェリ）
> 　　　ヘァピイナウ」
> 　　　〔そうです、私は今（とても）うれしいのです。〕

　以上のように話が展開して来ると、外国人は次に大概、そのうれしい原因を尋ねてきます。
　Dick: Why are you happy?「ホワイアーユーヘァピイ」
　　　〔なぜうれしいの（ですか）？〕
などと。そうすると、英会話学習の入門レベルの皆さんは、上の言いたいことの**結論「(とても) うれしい」**の、直接の原因を英語句または和語句1つで言えば良いだけです。**それは通常、後ろから2番目の重要内容語が表している**と前々回に言いましたね。

そこで、少しは分かりやすいように、上の言いたいことの**内容語：名詞、動詞、形容詞、副詞**だけを**日本語順に並べてみる**と次のようになります。

SAMYカルチャーセンター→5年間→象嵌→習って→作った→作品→初めて→入選→美術展→出展→もらえて→（とても）うれしい

　この**後ろから2番目の重要内容語は「出展」**です。
　「もらえて」も内容語（句）ですが、伝えたい内容全体からすればあまり意味内容がなく重要ではありません。
　この話ではこの「（何かの）出展」が「（とても）うれしい」の直接の原因になっていることに注意して下さい。
　それは最初の「SAMYカルチャーセンター」ではありません。
　そこへ考えが飛んではいけません。
　私達日本人は、状況を先によく分かってもらってから問題点を言う習慣ですから、状況説明を先にしたくなり、すぐ考えが問題点から遠いことがらに飛んでしまいがちです。
　この、他所に遠く考えが飛ばないようにすることは、英語を外国語として学ぶ私達日本人が英語や英会話をマスターしようとする場合、入門から上級レベルまで、**他のどのようなことよりもはるかに重要**です。
　このことは、英会話学習の**入門レベルの方々には特に重要**です。
　なにしろ、**英語句や和語句1つずつで、相手によろこんで協力してもらい、きちんと会話をして行けるのは、**ただただ次に解説する「**英語発想順**」と解説済みの「**対処の表現**」のおかげなのですから。

英語発想順

　私達日本人は、ある物事の原因や理由を説明する時、間接的な原因や無関係なことに考えが飛んで、そこから説明を始め、その直接の原因や理由に次第に戻ろうとしがちです。

　この**「間接から直接へ（、それから問題の物事自体へ）」こそが、日本人一般の伝統文化的、それゆえ私達の習慣となっている発想順**であり、私達が「**日本語発想順**」と呼ぶものです。

　英語母語話者一般の発想順はその逆の「（問題の物事自体の後、）直接から間接へ（＝密接から疎遠へ）」です。

　これを私達は「**英語発想順**」と呼んでいるのですが、この「**英語発想順**」が**英語・英会話学習の入門から上級のどのレベルであれ、最も重要**であり、かつ**決定的に重要**なのです。

　この「決定的に」の意味は、意識的にであれ無意識的にであれ、「**この英語発想順の習得無しに英語英会話のマスターは絶対にない**」ということです。

　ちなみに、日英バイリンガルの二世や帰国子女たちは、全身全霊の、つまり左脳言語野だけでなく全脳を用いての英語生活を通して、幼少の頃にのみ働く生得的（＝持って生まれた）能力によって無意識の内にこの「英語発想順」を身に付けているのです。

　ですから、**私達もこの「英語発想順」がこの入門レベルで（意識的な努力によってではあるけれど、）身に付くように、つまり習慣化できるように頑張りましょう。**

Ⅱ-5　iBT TOEFL もこの発想順で

　問題は、英語を外国語として学ぶ入門レベルの私達日本人が、日本語の全く分からない外国人を相手に、本番の会話で
『**SAMYカルチャーセンターで5年間象嵌を習っていて、作った作品が初めて入選し、美術展に出展してもらえて（とても）うれしい。**』
ということをどう伝えたらよいかでした。

　が、前回は少しわき道に入って、その方法において最も重要な「**英語発想順**」について解説しましたね。
　ここでついでに、**初級や中・上級レベルの「バイリンガル脳育成」**とこの「**英語発想順**」の決定的に重要な関係について少し述べておきたいと思います。
　それで、入門レベルの方々はもう少しご辛抱いただきます。いや、ひょっとしたら入門レベルの後、身に付けた「英語発想順」が初級や中上級レベルでどう生かされるのかが分かってよいかもしれません。
　そのために、まず、問題の話の「日本語発想順」と「英語発想順」についてもう少し詳しく見ておきます。
　ここで一言、なぜわずか1つの話の説明法をこんなに詳しく解説するのかと言うと、**一事が万事**、ここでお話していることが**英会話**やディスカッション、質疑応答や面接試験のみならず、TOEFL iBT の Speaking や Writing Test 等、即座の英語での表現方全てに当てはまるからです。
　さて、問題の話の重要内容語の「日本語発想順」は、

SAMYカルチャーセンター→5年間→象嵌→習う→作った→作品→初

めて→入選→美術展→出展→（とても）うれしい

で、この発想順は問題の「何か新しい（＝変わった）ことある？（Anything new?; What's new?; What's up? 等）」に対して、

『**無関係なもの**（SAMYカルチャーセンター）→**間接的なもの**（5年間、象嵌、習う、作った、作品、）→**直接関係するもの**（初めて、入選、美術展、出展）→**その答え自体**（うれしい）』

という順になっていることに注意してください。
　が、しかし、その「**英語発想順**」はその逆の

　（とても）うれしい→出展→美術展→入選→初めて→作品→作った→習う→象嵌→5年間→SAMYカルチャーセンター

でした。そして、この発想順は問題の「何か新しい（＝変わった）ことある？（:Anything new?; What's new?; What's up? 等）」の、

『**その答え自体**（うれしい）→**直接関係するもの**（出展、美術展、入選、初めて）→**間接的なもの**（作品、作った、習う、象嵌、5年間）→**無関係なもの**（SAMYカルチャーセンター）』

となっていることにも注意してください。
　ここで改めて確認しますが、「SAMYカルチャーセンター」はこの話の「うれしい出来事」とは無関係か、あるいは非常に薄い関係しかありませんね。
　それから、これも**非常に重要なこと**ですが、「うれしい」と「出展」はもちろんのこと、隣同士の「出展」と「美術展」、「美術展」と「入選」、「入選」と「初めて」等々は、互いに直接のあるいは密接な関係となって

いることにも注意しておいてください。

　さらに、この注意も非常に重要ですが、**本番の英会話では、重要内容語（句）をこのようにきちんとは並べている暇などありません。また、その必要も全くありません。**

　皆さんにこのきわめて重要な「英語発想順」と「日本語発想順」の違いをよく分かっていただくために、便宜上そのようにきちんと並べてお見せしているだけです。

　本番の英会話時にどうしたらよいかは次回にお話します。

Ⅱ-6　英会話は剣劇でなく、真剣勝負

　前々回と前回の「**英語発想順**」に関する補足ですが、
　英語の手紙やはがき等、メールの宛名書きも、英語の基本である平叙文（＝普通文：肯定文や否定文）も、この「**英語発想順**」になっていることを確認しておいてください。
　「**（問題の人や物事自体の後）直接から間接へ**」となっているでしょう。
　何度も言いますが、この「**英語発想順**」は英語でのコミュニケーションの基礎であり、土台ですから、この基礎のマスター無しに、英語のマスターはありません。
　もちろん、前もって**十分準備や練習ができる**、スピーチやプレゼンテーションや演劇などをしたり、**物語や小説や随筆などを書く場合は**、その効果を考慮して**（日本語的発想順を含め）**、様々な構成法が可能なことは言うまでもありません。
　「**即座のコミュニケーション**」と「**準備（推敲や練習やリハーサル）ができるコミュニケーション**」とは、その性質において全く異なるのです。
　天と地の違いです。月とすっぽんの違いです。「**真剣勝負の立会い**」と「**芝居の立ち回り（＝剣劇）**」ほど異なります。
　ですから、これを混同してはいけません。

　さて、話は、日本語の全く分からない外国人に本番の英会話で、『**SAMYカルチャーセンターで5年間象嵌を習っていて、作った作品が初めて入選し、美術展に出展してもらえて、とてもうれしい。**』ということを伝えたい場合でした。
　この場合、「第Ⅱ章-2：英語での説明は結論から先に」(p51)で述べた

ように、**入門から上級まで、どのレベルの人でも**「**結論の感想や意見か、あるいはその直接の原因から先に**」伝えたらよいのでしたね。

　その時、後先になりますが、**中上級の皆さんは**「うれしい」（あるいは「出展」）から、できるだけ英語で発想し**英文にしていきながら**、次の「出展」（あるいは「うれしい」）をこれまたできるだけ英語で発想し**英文**（や英語の句や節）にしていきながら、さらに次の「美術展」をこれまた～、のように「**ながら族**」になり、そしてまた、その英文をいつでもどこでも適切に終えられるようになって頂かねばなりません。

　さて、**入門レベルの皆さんには**、まずその１番最後の、感想や意見を表す英語の語句 happy, sad, angry（怒って）, (very) good, (not) bad, great（すばらしい）等々の１つを相手に向かって、心を込めてきちんと言うことがお勧めでした。

　が、**初級レベルの皆さんはこの感想や意見を表す内容語句を、即座に**（１組の主語と動詞からなる）**英単文にして言えるようになることが重要**です。

　"(You know,) I'm (very) happy."

（または、"I'm (very) glad, you see?." あるいは、"Well... (let's see...) I'm very happy."）のように。

　以上の場合、"Hello!" や "Happy." や "Good morning!" のような**１語句文や単文は、意味内容上それぞれ１ポイント（重要点）を成す**とします。

　問題はその後です。その後、**初心者**、つまり**入門レベルや初級レベルの方々は、相手ときちんと会話をしていきながら、言いたいポイント（重要点）を１つずつ、たくさん**（つまり、何度も）**伝えて行かねばなりません。**

　が、この時の会話はこちらの言いたいポイントを、相手に協力してもらいながら伝えていくわけですから、当然、その相手の協力に応えねばなりません。相手の言ってくれることを無視してはいけません。絶対に。

　が、この当たり前のことが非常に難しいのです。特に、「**暗記暗唱法**」

でしか、英語や英会話法を学んだことが無い方々には。

　そこで、その困難の「原因と対策」のため、ここでまた少し脱線させて頂きます。

　その困難は、中上級の方々も同様ですが、英語に接した時にはいつも「受験時の脳」になるように条件付けられたり、習慣化したりしてきたから生じているのでしたね。つまり、常にテスト形式でその成果が測られる「暗記暗唱法」によって、学習者の皆さんの頭脳が過去に覚えた膨大な量？数？の英語の語句や文の中から当面の問題に最も役立つものを思い出し、考え、適切な形にして発表するように条件付けられてきたからです。

　当たり前のことですが、**本番の英会話に臨んでは、即、「受験の頭」から脱し、本番の「会話の頭」にならねばなりません。また、本番の英会話の学習の場にあっては、少しずつでも「英語の受験頭」から脱していき、できるだけ早く本番の「英会話の頭」になるように努力しなければなりません。なにしろ、発話前に、その時の発話としてよさそうな英文や英語句を思い出し、それをより適切なものに修正している暇や考えている暇など無いのですから。**

　そのためには、今まで「（演劇やスピーチやテスト形式の）暗記暗唱法」でしか英会話というものを学んだことがない方々は、英会話学習を本書が提唱するような方法でやり直されることをお勧めします。

　そうすれば、今まで学習してこられたことも、無駄にはならず、やがてはどんどん生きてくるはずです。

II-7 英会話の入門初級と中上級レベル

　話は、日本語の全く分からない英語を母語とする外国人に、本番の英会話で『SAMYカルチャーセンターで5年間象嵌を習っていて、**作った作品**が初めて入選し、**美術展**に出展してもらえて、**とてもうれしい。**』ということを伝えたい場合でした。

　そして、以下のことは決定的に重要なのでもう一度言います。つまり、入門から上級まで、どのレベルの人でも「**結論の感想や意見か、あるいはその直接の原因から先に**」伝えるのが良いのでした。

　そして、**初心者の方々は、原則として、相手に協力してもらって（＝会話をしながら）ワンポイント（1（要）点）ずつ伝えていく**のでしたね。

　入門レベルの人は、原則として結論から重要内容語（句）を1つずつしか言わないで。

　初級レベルの人は、原則として結論から（副詞句を含む）重要内容語（句）を内に持つ単文1つずつしか言わないで。（この時、できる人は（1要点を伝える）単文を（and〔そして〕や but〔しかし〕や so〔だから〕で）対等につないだ**重文（2要点）が入っても良いです。**）

　さて、中上級レベルの人達ですが、**中上級の方々は複文や混文も用いて、これくらいの長さの話は一気にきちんと伝えることができるように学習しなければなりません。**

　これも原則としての話ですが、

　中級レベルの人は、本例程度の長さの場合、数個の英文を続けて言って。

　上級レベルの人は、本例の場合、英文1つで、あるいは2つ続けて言って。

と言っても、その途中に相手から何か発言があれば、それに応答しながらです。

ところで、

単文とは「1組の主語（—は）と述語（動詞：〜する）しか持たない文」で、

重文とは「単文が2つ（以上）(and, or, but等で) 対等につながれた文」で、

複文とは「単文が2つ（以上）主従関係でつながれた文」で、

混文とは「複文と重文が組み合わさった文」

でしたね。

つまり、**中級レベルの人**はこれくらいの長さの話は、**文法的に正しい英文2つ3つで一気にその半分くらいまで伝え**、相手の反応を見ながら、あるいはその発言に応答して、また、**一気に後の半分を文法的に正しい英文2つ3つで伝えられる**ようになることを目指さねばならない、ということです。

上級の人は、**文法的にも慣用的にも適切な英文1つあるいは2つくらいで、一気に全部伝えられる**ようになることを目指すことになります。

ところで、これも決定的に重要なことですが、**本書の提唱する方法**は前もって暗記しておいたものを（修正して）暗唱する「**英借文（方）法**」ではなく、発話しながら表現していく「**英作文（方）法**」ですから、この**中上級レベルの場合、2秒以内に話を始め、話しながら大体上に示した順に発想していき、そうしながらそれをきちんとした英文の発話にしていかねばなりません**。

が、何も恐れることはありません。

今お話している『本物の英語表現法』と、次回にその原理を略述する『本物の現代英文法』を身に付けて行けば、それは決して難しいことではありません。

ちなみに、現在も歴史的にも、**日本のトップクラスの英語のプロや学者や先生方はほとんど皆、英語を外国語として学ぶ私達日本人は絶対に「英借文」**(他人の英文の写し、あるいは（その記憶と）その修正表出）しかできず、「英作文」(英文での表現) をしようなどと思ってはいけない旨のことを言っておられるようですが、そんなことはありません。

　その証拠に、**私事で恐縮**ですが、私も英語を外国語として学んできたものですが、渡米のずーっと以前の**学生時代から**、表出時は慣用句やことわざ、それにきちんと引用させてもらったもの以外、**全て英作文をしてきましたが、ほめられはしても問題など全くありませんでした**。もちろん、その英文を添削してもらったことはよくありましたが。

Ⅱ-8 本物の現代英文法の統語原理1

　私が本書でお話しているのは、私達、**英語を外国語として学ぶ日本人のための**、いわば「**正しい英語理解法と正しい英語表現法**」です。

　脱線もしていますが、ここしばらくは、その「**正しい英語表現法**」のうち入門レベルの方々のために、主として「**語句1つずつでする方法**」を扱ってきました。

　この「**語句1つずつでする正しい英語表現法**」は初級者用の単文や重文から、中上級者用の複文や混文等の複雑な英文でもってする「**正しい英語表現法**」の基礎（土台）をなすものです。

　そこで、「語句1つずつでする正しい英語表現法」が、どのように初級～上級者用の「正しい英文表現」の基礎（土台）になっているのか、よくお分かり頂くのに必要な、『**本物の現代英文法**』の統語（単語の並べ方の）**原理**の、目下必要とする**普通文（＝平叙文**：肯定文や否定文）を中心に**略述**しておきます。

　（ここでは、その**3～7が特に重要**です。）

『本物の現代英文法』の統語原理1

1. 正式な（完全な）英文を作る能力があるのは動作や状態を表す【**動詞（V）**】（＝「ある,する」の仲間）だけである。
2. 一般に、「動詞（V）」は、（正式な）英文を作るためにその前後に、以下の位置（部屋）を次の順序で持っている。
「まえおき」「Wh語句」「疑問化（か）」「主語（は）」【動詞（ある,する）】「対象語（に）（を）」「補語（で）（と）」「副え（副詞単位）」

69

3. そのうち、**目下必要な普通文（平叙文）を構成する部分**だけを、「副え」の位置（部屋）に入るものをもう少し詳しくして示すと次のようになる。
「主語（は）」【動詞（ある, する）】「対象語（に）（を）」「補語（で）（と）」「副え（様態、道具、場所、方法、目的、時、原因・理由、条件、譲歩等）」

4. が、問題の物事を表す「主語（は）」と【動詞（ある, する）】さえこの順に言えば、後は入門レベルと同様、（隣同士の語句の密接な関係を保ちながら、）その「主語」x【動詞】に直接に関係する物事からしだいに間接的に関係する物事へと発想して行けば、自動的に3. の普通文の語順になる。（ただし、「副え」の下位項目の道具、様態、場所等の順序はその直前の語句との、意味内容上の親密度によって決まる。）

5. しかし、**以上を発話していく時、最初の「主語」x【動詞】と直接関係する物事は仲介語を用いずそのまま（直接）発話し、間接的に関係する物事はその関係を表す仲介語をその直前に用いて発話していかねばならない。**

6. その時の**名詞の仲介語は前置詞**であり、（原形）**動詞の仲介語辞はto; -ing; -en**であり、（平叙）**文の仲介語は従属接続詞**あるいは**関係詞**である。

7. その時、どの**前置詞**を用いるか、どの**動詞仲介語辞**を用いるか、どの**従属接続詞や関係詞**を用いるかは主として**表現（の意味）内容**による。（＝動詞仲介語辞の to; -ing; -en については後述。その他は市販の辞書あるいは本書の続編参照）

8. 以上の他に、「形容詞」は原則としてそのまま前から名詞に付けることができ、「一般副詞」は文の肯定否定に関するものは前から、それ以外は後ろの「副え」の位置からそのまま動詞に付けることができ、「程度副詞」は前からそのまま「形容詞」や「副詞」に付けることができ、「助動詞」は前から動詞にそのまま付ける

ことができる。
 9．対等接続詞 and, or, but, so 等は、同種のもの（同品詞のものや文と文）なら何でもつなぐことができる。
10．間投詞 oh, ah, well 等は「前置き」の位置にでも、あるいは文から独立させても使える。

・・

　以上は要点だけなので、内容が抽象的で分かりにくい方もあるかと思います。が、よく分からなくても、あまり気にしないでください。これからしていく具体的な話により、しだいに分かってくると思いますから。
　ところで、この「『**本物の現代英文法**』の統語原理」はこの「**原理１**」と、同程度の長さのその「**原理２**」だけで全てです。その「**原理２**」については本書の「第Ⅳ章-2：英単文の作り方　統語原理２」（p141）でお話します。

Ⅱ-9　'Why' は直接の原因を尋ねる

　入門レベルの方々には、大変長い間お待たせしました。
　話をもとに戻しますが、日本語の全く分からない英語を母語とする外国人に、本番の英会話で『**SAMY**カルチャーセンターで**5年間**象嵌を**習っていて**、**作った作品**が初めて**入選**し、**美術展**に**出展してもらえて**、**とてもうれしい。**』ということを、どうしたら即座に、英語句や和語句1つずつでうまく伝えられるかの途中でしたね。
　そのためには、「英語発想順」が重要で、その出発点と方向としては、「結論から、それと直接関係する重要内容（語句）を経て、次第にその結論とは関係の薄い重要内容（語句）へ」でしたが、以下の解説は終わっています。

> Dick：What's up?〔何かある？〕
> 　　　（または、What's new?〔何が新しい？〕、Anything new?
> 　　　〔何か新しいことある？〕）
> 皆さん：Well,... Let's see...〔そうですねー... えーっと...〕
> 　　　You know, happy.〔あの（ーです）ね、うれしいの（です）。〕
> Dick：You mean, 'you are happy now'?
> 　　　〔（「あなたは）今、うれしい」ってこと（ですか）？〕
> 皆さん：Yes, I'm (very) happy now.「イエス、アイム（ヴェリ）ヘァピイナウ」
> 　　　〔そうです、私は今（とても）うれしいのです。〕
> Dick: Why are you happy?「ホワイアーユーヘァピイ？」
> 　　　〔なぜうれしいの（ですか）？〕

第Ⅱ章　初級バイリンガルに向かって

さて、この最後の、

Dick: Why are you happy?

の 'why'［なぜ］ですが why が原因を尋ねる場合、それは**直接の原因を求め**、間接的原因や無関係なことを求めているのではありません。

が、「**英語発想順**」の隣同士の重要内容語は互いに直接関係しているか、あるいは**密接に関係しているか**でしたね。

ですから、英会話学習の入門レベルの皆さんは、「**英語発想順**」の「**今（とても）うれしい**」直後の英語句または和語句１つで言えば良いだけで、それが 'why' の直接の原因になっているのです。

そこで、「うれしい：happy」の後、重要なのは「**英語発想順**」の、

『**"What's up" 等の答え自体**（うれしい）→**直接関係する物事**（出展、美術展、入選、初めて）→**間接的な物事**（作品、作った、習う、象嵌、５年間）→**無関係なもの**（SAMYカルチャーセンター）』

の「うれしい」に直接関係する物事、つまり、

『（うれしい→）出展』

と直感して、入門レベルの方々はこの「出展」を相手に伝えれば良いだけです。

いかがですか？　簡単でしょう。えっ？「**出展**」に当たる英単語（英語句）は知らないですって？

じゃあ、次の「**美術展**」から入っても（＝始めても）何とかなります。

えっ？　「**美術展**」に当たる英語は覚えたのだけれども思い出せないですって？　それから、「**入選**」に当たる英語もご存じないですって？

大変失礼しました。

が、**良いのです、それらに当たる英語句を知らなくても。思い出せなくても。「象嵌」**（も「彫金」も「篆刻」）も同様です。

実は、そのような語句を知らない方が良いのです。特に初心の段階では。また、**たとえ覚えたことがあっても、思い出そうとしない方が良い**のです。初心者の方々はもちろん、中上級レベルの方であっても。

73

ちなみに、そのような語句を知っているほうが良いのは、いや知っているべきなのは、また、思い出そうとすべきなのは**受験の場合**ですね。

　が、受験者の英語力を測ることが目的のテストではなく、当事者同士の即座のより良いコミュニケーションの実現が目的の**本番の英会話**では、**(英語の) 語句 (や文) を知らなかったり、思い出せなかったりする問題をどう解決するかが、決定的に重要**なのです。
　すなわち、**本当のバイリンガルになれるか否かの分かれ道**なのです。つまり、**皆さんの頭脳が英語脳になれるか、それとも日英受験脳に止まるかの**。
　この問題をどう解いたらよいか、ここで少し考えてみて下さい。

Ⅱ-10 暗記暗唱脳からバイリンガル脳へ

　前回から解説させて頂いている問題は本書全体の根本にかかわる最も重要なものですから、くどいようですが、もう一度簡単に復習しながら本題に入ります。

　現在主として扱っている問題は、**入門レベルの方々**が日本語の全く分からない英語を母語とする外国人に、本番の英会話で『**SAMYカルチャーセンターで5年間象嵌を習っていて、作った作品が初めて入選し、美術展に出展してもらえて、とてもうれしい。**』という話をしたい場合でしたね。

　そして、**目下の問題**は、相手に**結論の（とても）うれしい**ということを伝えた後、そのうれしい直接の原因をどう伝えるかでした。

　その方法は、「英語発想順」の「うれしい」に直接関係する物事を、『（うれしい→）出展（→美術展→入選）』と直感して、入門レベルの方々はこの「出展」「美術展」「入選」をできるだけこの順に1つずつ相手に伝えるだけで良い、そうできなければ、「美術展」あるいは「入選」から始めても良いということでした。

　また、**それらに当たる英語句を知らなくても忘れても**、さらには「象嵌」や「彫金」や「篆刻」に当たる英語句を知らなくても問題ではないのでした。いや、かえって、そのような語句を知らない方が良いということでした。

　さらにまた、たとえそれらに当たる英語句を**覚えたことがあったとしても、それらを思い出そうとしない方が良い**のでした。中上級レベルの方であっても。

　なぜなら、本番の英会話の場でそれらの語句を知らなかったり忘れて

いたりすれば、**いかに日英暗記暗唱脳が無能であるかがよく分かり、別の伝達方法をみつけるチャンス**となり得ますから。そして、それは**私達の脳を「日英暗記暗唱脳」から「日英バイリンガル脳」に変えていけるチャンス**だからです。

これを、英語のマスターという観点から言い換えると、**私達の脳を「英語の暗記暗唱脳」や「英語の受験脳」から「英語の理解表現脳」や「英語コミュニケーション脳」、すなわち「英語脳」に変えて行けるチャンス**だからです。

それでは「出展」「美術展」「入選」、さらには「象嵌」や「彫金」や「篆刻」に当たる英語句を知らずして、どのようしてそれらを相手に伝えるのか、これが問題でしたね。

この（英語の）語句（や文）を知らなかったり、思い出せなかったりする問題をどう解決したら良いか、少しは考えましたか？

ヒントは、**そのような場合、英語のネイティブスピーカー達はどうしているか**を少し考えてみることです。

えっ？　英語のネイティブスピーカー達で、そのような英語句を知らない人はいないはずですって？　その中には幼児や幼稚園生もいますよ。英語を母語とする国々の幼児や幼稚園生の中には、それらに当たる英語句を知らない子もいるはずです。そのような場合、その母親や先生方はそれがどのようなものかを、その場で知らせるためにどうしているのでしょう。（⇒英語脳の働きに関係）

これは、日本の幼児や幼稚園生の中には「篆刻」や「彫金」や「象嵌」はもちろんのこと、「出典」や「美術展」や「入選」などという日本語を知らない子もいて、お母さんや先生方がそれらをその場で、その子らにどう伝えているか（⇒日本語脳の働き）と同質の問題です。

分からなかった方は以上をヒントに、もう１度ここで少し考えてくださいね。

それから、私は今までに１度ならず、「**英語発想順**」の「うれしい」に

第Ⅱ章　初級バイリンガルに向かって

直接関係する物事を、『(うれしい→) 出展 (→美術展→入選)』と「直感」して、と言いましたが、
　『そう即、直感することなど、とてもできそうにない』
と思われた方も多いのではないでしょうか。が、その**「直感の問題」も、次回解説する方法で一気に解決するはずです。**

Ⅱ-11　イメージをやさしい英語で表現

　さて**問題**は、日本の公立中学校レベルの英語にも不安を抱かれている、本番の英会話学習の**入門レベル**の方々が、「今うれしいこと」を相手に伝えた後、どのようにすれば、その直接の原因である、『出展→（美術展→入選）』を即、直感し表現し、これを相手に伝えて行けるか？です。が、それは、

> 自分もあるがままの能力ででき、相手にも分かる方法で表現すればよいだけ。

です。
　具体的にどうすればよいのかというと、**即座に頭の中に、明確に現実の「出展」のイメージをし、その映像の大体のところを相手に伝えればよいだけです。その映像の中の重要なものを表すいくつかのやさしい英単語を相手に向かって（ジェスチャーをしながら）きちんと発話する（＝言う）ことによって。**
　つまり、問題は「暗記した語句や文の多少」ではないのです。「和単語（句）⇒英単語（句）」という単なる言葉同士の問題ではないのです。
　問題は「即座の表現（力）」であり、「コミュニケーションの成否」です。「表現」というのは、「イメージや考えや気持ちを、直接言葉（や絵やジェスチャー等）にして出すこと」でしょう。ですから、応答を2秒以上待てない本番の英会話で上記のようなことを表現するためには、**まずは、即座に『出展』を映像として明確にイメージできるようになること**が肝心です。

第Ⅱ章　初級バイリンガルに向かって

　次は、それを直感的に適切に表出（＝表現）できるようになることです。
　覚えた英語句を思い出している暇などありません。忘れた英語句などなおさらです。覚えてもいない英語句を思い出そうとしたり、考えたりすることに関しては言うまでもありません。
　このような場合、ご本人はその美術展に実際に行って出展されているご自身の作品をご覧になっているでしょう。その実体験が重要です。その時のことを一瞬にして頭の中にイメージ、つまり映像として思い出すのです。
　そして、そのイメージしたものの中の、問題のもの自体からその周辺のもののうち重要なものへと（＝英語発想順に）、それらを表すよく知っているやさしい英語句少数を、ジェスチャーをしながら１つずつ相手に向かってきちんと言うことによって、**伝えれば良いだけ**です。入門レベルの人達は。

　本章の例の場合、それは以下のようになりますね。一例ですが。（ただし、その象嵌の作品は宝石箱とします。）
　　皆さん：（ジェスチャーをしながら、）My box,... many people,...
　　　　　　see,...you see?
　　　　〔私の箱、... たくさんの人々、... 見る、... 分かりますか？〕
のように。そうすると、**良識があり、余裕たっぷりの英会話の達人であるネイティブスピーカーやバイリンガルの人達は**きっと、以上を『たくさんの人々が皆さんの箱を見てくれ（てい）るからうれしい』のだろうと**判断し、通常そのような場所は「展示会」だろうと推測して、次のように言ってくるに違いありません。
　　Dick：You mean, your box is shown(=displayed) at an exhibition?
　　　　〔おっしゃっているのは、あなたの箱が展示会で展示されているということですね。〕
などと。そうしたら、その英文をまねて言わせてもらうのでしたね。

"Yes, (I mean) ～ ." のパターンで。
　このようにして、本番の英会話の初心者 (＝入門・初級レベル) の人達は、いや、場合によっては中上級の人達も、相手の良識と即座の英語力のお世話になることが非常に重要なのです。

　ところで、ここで一言お断りしておかねばならないことがあります。それはこの解説があまりにも煩雑になり、理解しにくくならないように、伝えたい内容の「5年間象嵌を習っていて、作った作品が初めて入選し、」の部分の重要副詞句「5年間 (for 5 years)」と「初めて (for the first time)」の解説を以下省略させて頂くということです。
　これらに関しては、適切な時に "5 year(s)" や "first time" を言えばよいとここで述べるだけにとどめさせて頂きます。

第Ⅱ章　初級バイリンガルに向かって

Ⅱ-12　マナーに適ったことは堂々と

　目下の問題は、英語を外国語として学ぶ入門レベルの私達日本人が、日本語の全く分からない外国人を相手に、本番の会話で『**SAMYカルチャーセンター**で（**5年間**）**象嵌**を習っていて、**作った作品**が（**初めて**）**入選**し、**美術展**に**出展**してもらえて（**とても**）**うれしい**。』ということをどう伝えたら良いかでした。が、前回までで、以下のところまで解説しましたね。

Dick：What's up?〔何かある？〕
　　　（または、Anything new?〔何か新しいことある？〕）
皆さん：Well,... Let's see...〔そうですねー...　えーっと...〕
　　　You know, happy.〔あの（ーです）ね、うれしいの（です）。〕
Dick：You mean, 'you are happy now'?
　　　〔「（あなたは）今、うれしい」ってこと（ですか）？〕
皆さん：Yes, I'm (very) happy now.
　　　〔そうです、私は今（とてもうれしいのです。〕
Dick: Why are you happy?〔なぜうれしいの（ですか）？〕
皆さん：（ジェスチャーをしながら）Well, My box,...many people,...see,...you see?
　　　〔そうですねー、私の箱、... たくさんの人々、...見る、...分かりますか？〕
Dick：You mean, your box is shown (=displayed) at an exhibition?〔つまり、あなたの箱が展示会で展示されているということですね。〕

81

さて、その続きです。
　この最後の Dick さんの発話のように相手の外国人が言ってきた時、知らない単語がなく、そのとおりだと思ったら、入門レベルの皆さんはこれを、
　　"Yes, my box is shown at an exhibition."
と、その英文をまねて言わせてもらうことが肝心でしたね。
　"Yes, my box is..." と途中までしか言えなくても、『その後どうおっしゃった？』という気持ちで相手の顔 (/目) を見れば、相手はきっと **"shown at an exhibition."** とゆっくりはっきりと言って (協力して) くれます。
　また、exhibition という英単語を知らなかったり、不確かだったりしたら、**"Exhibition? Sorry?"** と相手に向かってはっきりと言えば良いだけでした。その単語をきちんと発音できなくても、**"Exhi..., Pardon?"** あるいは、日本語式発音でも良いから、**"エグズィ？ Sorry."** と言えば良いだけです。そうしたら、ゆっくりきちんと発音してくれたり、綴り (**spelling**) を言ってくれたりします。
　そんな時は、きちんとその単語を真似て発音し、綴りは"E-x-h..."「イー、エックス、エイチ...」と言いかけてからでも、たまには
　　"Just a moment (, please)." 〔ちょっと待ってください。〕
と言って、ペンとメモ用紙を出し、
　　"One more time, please." 〔もう一度、お願いします。〕
と言って、書き取らせてもらうようにするのです。そして、書き取りが終わったら、
　　"Thank you." あるいは **"Thanks (a lot)."**
と必ず相手に向かってきちんと言うことです。
　　以上のようにすることは良識に適っているし、エチケット (etiquette=manners) にも適っています。良識のある外国人は、このようなきちんとエチケットを守る人と会話をしたいのです。あまり英語力がなくても。ですから、マナーに適ったことは臆せず堂々とすること

が肝心です。

　ペラペラ英語をしゃべっても、エチケットを守らないような人とは、彼らは会話したくないのですから。

　ちなみに、(名詞として用いる) 'spell' は「魔法、呪文」の意味であり、"Spell, please." は、「呪文をお願いします。」に聞こえます。また、**"Once more."** は命令的で「**もう一度言いなさい。〜やり直しなさい。**」の感じですから注意して下さい。

　それから、以上のような展開になっても、いや、そうなったらなおさらのこと、和訳しようとしたり、英語の語句や文を思い出そうとしたりしてはいけません。そんなことをしたら**頭の中が受験の世界**になり、**相手に協力を求めておいて、相手の協力を無視してしまいがちになり、エチケット違反のため大変失礼**になりますから。

II-13　英会話における最重要事はエチケット

　さて、前回は、終わりの方で少し英会話における**エチケット** (etiquette, つまり manners) に触れましたが、この**「本番の英会話におけるエチケット」**は、英語を外国語として学ぶ私達日本人にとって**非常に重要**だと思うので、また話が本題からそれますが、今回と次回はこれについて少し詳しくお話したいと思います。

　私は大学生時代から、最初は大阪南YMCA英会話学校でしたが、英語・英会話を様々なところで教えてきて50年近くになります。が、**従来の、英語の語句や文の暗記暗唱や口頭文型練習による方法では「本番の英会話」のマスターはありえないという結論**に達し、30年近く前から私の経営する学校や教室を中心に「本番の英会話法」と思えるものを教え始め、その方法の研究と実践と改善に励んできたわけです。
　その結果として、**「英会話の教育や学習において最も重要なことは何か」**と尋ねられたら、私は一も二もなく、それは**「エチケット」**（または**「マナー」**）だと、あるいは、**「社会人としての良識」**だと答えるでしょう。**「人間としての良識」**と言っても良いでしょう。ただしこの場合、実は「国際（社会）人」としてのそれですが、そう言うと何か非常に特別で難しく、到底できそうにないと思われそうなのでやめました。
　もちろんこれは、英会話の教育学習だけにあてはまるものではなく、あらゆる外国語会話の教育学習にあてはまることです。
　なぜエチケット（あるいは社会人としての良識）が最も大事かというと、
　『これに反してばかりいる人と会話をしたい人などどこにもいない』

だろうからです。もちろん、相手がエチケット違反を頻繁にするような人達でも、**何かよい見返り（例えば授業料を含む金品など）がある場合は別**です。

さて、会話において、まず最初に注意すべき**重要なエチケット**は、
「言葉をかけられたり話しかけられたりした時、それを無視しないで、即きちんと応答すること」
です。

にもかかわらず、「英会話」を何年も習ってきたどれほど多くの人達がこのエチケット違反をどれほど多くしているか数え切れません。

英会話の先生が教室に入ってきて、**"Hello, everyone!"** とおっしゃっても、これに応答する生徒さんがごく少数であったり、時には皆無だったりします。①

また、先生にあることを（例えば、**"What's your favorite pastime?"** と）尋ねられ、それに対して全く応答しないで隣の人と話し始めたり、うつむいて（電子）辞書を引き始める人のなんと多いことでしょう。②

その他、同様な例を数え上げればきりがありませんが、**「話しかけられた時にどうすべきかの原理原則は同じ」**ですから解説は上2例にしておきます。

上の①の場合、**"Hello, Mis Johnson."** などと英語で答えられなければ、**日本語ででも一言「こんにちわ。」**と答えるべきでしょう。どちらが本番の英会話でより良いかを「＞」の記号を用いて「優＞劣」で示しますと、

「**英語＞日本語＞無視**」でしょう。
「**英語＞無視＞日本語**」ではないでしょう。

また②の場合、生徒さんは、少なくとも相手に向かってきちんと **"Just a moment, please."** などと言ってからそうすべきでしょう。できれば、私としては、**"Before that, may I speak to my neighbor a little?"**〔その前に、隣の人と少し話していいですか？〕などと言ってほ

しい、あるいはジェスチャーでそう示してほしいですけど。

が、そうしたら、日本に来て間もない外国人の先生の場合、全く訳がわからず、**"Why??"**〔なぜ??／どうして??〕とおっしゃって、きっととても困った事態になるでしょう。これは、**会話の状況で、すでになされた質問に応答もしなければ、断りもしないで辞書を調べだしたり、隣の人と話し合ったりするのは、緊急事態以外ひどいマナー違反**だからです。

もし、'favorite pastime' の意味が分からないのだったら、それを言った当人にその意味を尋ねるのが良識というか、**コモンセンス（人なら誰でも持っているはずの合理的判断）**だからです。

次回は、この件に関連して、ネイティブスピーカーを中心に外国人英会話講師に苦言を呈し、皆さんのなすべきことに触れたいと思います。

II-14 母語話者に本物の英会話教師がいる？

　それは初心者用であっても上級者用であってもよいのです。ある英会話コースの最初のクラスに、日本語の分からないネイティブスピーカーのN先生が入ってきて、クラスを見渡して "Hello, everyone!" とおっしゃいました。**が、誰もこれに応答しません。**あるいは、5人の生徒さんのうち2人しかこれに応答しません。このNさんは「英会話の先生」として、どうすべきでしょう？

　私は次のように考えています。**N先生は何はさて置き、まず次のことを、持てるあらゆる手段（板書、ジェスチャー、表情等々）を使ってやさしく教えるべき**だと。つまり、

....

　この場合の 'everyone' とは、皆さん一人ひとり全員のことであること。"Hello, everyone!" といわれたら、クラスのみんながそう言った人の方を向いて、**それに何らかの（、たとえそれが日本語であっても）応答をしないと、それは無視**ととられること。

　そして**それ**〔＝無視〕**は**（本番の）会話の状況では **'impolite' である**〔＝失礼な〕こと。（本番の）会話は相手に対しお互いに 'polite' で〔＝礼儀正しく〕ないと成り立たないこと。

　それに、"Hello, Mr N!" 等の挨拶の表現の発音練習と実践練習。そして、何か事情があってこれに従わない生徒さんがいても、そのような生徒さんはそっとしておいて後で対処するとして。

....

　以上です。
　生徒さんがそれに従おうとされるかされないかは別として、**今言った**

ようなことをお教えにならず、生徒さんの気ままにさせておかれる先生は、たとえその方がネイティブスピーカーであっても「英会話の先生」としては失格です。

　なぜなら、**一事が万事**ですから。そのような先生は、その後、ほとんどいつも生徒さんの気ままになさるから。まもなくそのクラスは**日本語中心の会話サロン**になるか、決まった一部の生徒さん達の**沈黙の場**や、他の決まった生徒さん達の**訳のよくわからない、あるいは勝手気ままな英語での発言の場**になるか、あるいはまた、レッスン時間消化のため、生徒さんが理解していようとなかろうと、**先生が一人で英語をしゃべりまくる場**になってしまいますから。

　よく考えてもみて下さい。今言ったどの場合も、先生と生徒さんの間にはほとんど全く、あるいは、ほんの少ししかきちんとした相互コミュニケーションは成り立っていませんね。

　そのようでは、それ以後も同様でしょう。ということは、**そのようなネイティブスピーカーや外国人の先生に、教室等でいくら英会話を習っても英会話のマスターなどありえない**ということです。皆さんが非常な努力家で、かつ語学の天才でない限り。

　では、**凡人である私の場合は**どうしたのかと言いますと、機会ある時はもちろん、時には機会を探してでもできるだけ外国人に話しかけ、友達のようになり、**レッスン料など払わない本番の英会話を通して、これを何とかできるようになったのです。**

　本番の英会話は、相手の立場をよく考え、エチケットやマナーを守らないと長続きしません。ましてや、友達付き合いなどしてくれません。

　上で述べたような先生方は、ネイティブスピーカーであっても皆、英語を外国語として学ぶ私達への「本番の英会話教授法」を全くご存じないのです。その先生が、英語国の大学院で**外国語や第二言語としての英語教授法 (TEFL や TESL) の修士号**を持っておられようと、なかろうと。

　もちろん、ネイティブスピーカーのいわゆる「英会話」の先生方は、本番の英会話など楽に見事におできになるでしょう。

しかし、**こと会話に関しては、「（母語で）自分ができること」と、「人に教えて（同外語で）できるようにしてあげること」とは全く別**です。

なにしろ、その先生方は英語を母語としてその会話力を何の苦労もなしに身に付けた方ばかりですから。小さい時に天が与えてくれた生得的（＝持って生まれた）能力によって。

こと、母語に関しては「できること」と「教えること」とは全く別です。

私は、それが英語のネイティブスピーカーであれバイリンガルの人であれ、**英会話の教師になるためには、皆、「本番の英会話の教授法」の研修をお受けになる必要がある**と本気で思っています。そのような研修を受けようと思うネイティブスピーカーの英会話教師は皆無（に近い）でしょうけれど。なぜなら、そのような研修を受けなくても、**彼らは英会話教育の神様扱いされていますから。**

【参考】「レッスン料とホスト料」

　英会話のレッスン料は名前だけで、多くの場合ホスト料になっているようです。現在のほとんど全てのネイティブスピーカーの先生は英会話の先生としては、失格ではないでしょうか。たとえネイティブスピーカーであってもそのような先生方に英会話を習っていてはいけません。

　私は（英語を外国語とする人達対象の）英会話のレッスンを、よく、水泳の教習所のレッスンに当てはめて考えます。英会話学習における本番の状況は水練における水の中のようなものです。机上の空論や畳の上の水練をいくらしても、水の中に入って基礎から順に正しいことを身に付けていかないと水泳に上達しません。同様に英会話の本番の状況に入って基礎から順に正しい練習をしていかないと、英会話の上達などありえないでしょう。

Ⅱ-15 英会話はテニス等のラリーゲーム

　話を元に戻しますが、本番の英会話で日本語の全く分からない外国人に『**SAMYカルチャーセンターで（5年間）象嵌**を習っていて、**作った作品が（初めて）入選**し、**美術展に出展**してもらえて**（とても）うれしい。**』ということをどう伝えたらよいかの途中でした。が、前回までで、以下のところまで解説済みです。

Dick：What's up?〔何かある？〕
　　　（または、Anything new?〔何か新しいことある？〕）
皆さん：Well,... Let's see...〔そうですねー... えーっと...〕
　　　You know, happy.〔あの（ーです）ね、うれしいの（です）。〕
Dick：You mean, 'you are happy now'?
　　　〔「（あなたは）今、うれしい」ってこと（ですか）？〕
皆さん：Yes, I'm (very) happy now.
　　　〔そうです、私は今（とても）うれしいのです。〕
Dick: Why are you happy?〔なぜうれしいの（ですか）？〕
皆さん：（ジェスチャーをしながら）Well, My box,..many people,.. see,..you see?
　　　〔そうですねー、私の箱、... たくさんの人々、...見る、...分かりますか？〕
Dick：You mean, your box is shown (=displayed) at an exhibition?
　　　〔つまり、あなたの箱が展示会で展示されているということですね。〕

> 皆さん：Yes, my box is... （その後は？という相手に向かっての表情）〔そうです。私の箱が...〕
> Dick：（ゆっくりはっきりと）shown at an exhibition.
> 　　　〔展示会で展示されている。〕
> 皆さん：shown at an exhi... （何でしたっけ？という表情）
> 　　　〔...会で展示されている。〕
> Dick：（ゆっくりはっきりと）exhibition.〔展示会〕
> 皆さん：exhibition.
> Dick：Very good!〔大変よろしい。〕
> 　　　The spelling is 'e-x-h-i-b-i-t-i-o-n'.〔スペルは 'e-x-h-i-b-i-t-i-o-n' です。〕
> 皆さん：Just a moment, please.〔ちょっと待ってください。〕
> Dick：Sure.（=Certainly.）〔もちろん、いいですよ。〕
> 皆さん：One more time, please.〔もう一度、お願いします。〕
> Dick：Sure. 'e-x-h-i-b-i-t-i-o-n'.
> 皆さん：Thanks (a lot).〔ありがとう（ございました）。〕

　いかがですか？　上の会話例を見て頂いて。発話（:発言）が皆、かみ合っているでしょう。

　ちなみに、上の**皆さん**の "Yes, my box is..." の後や、"shown at an exhi..." の後のように、表情やジェスチャーで皆さんが求めたことに相手が応えてくれた時、**それを無視しないで皆さんがきちんと受け止めたことを表現すると**、相手はとてもうれしく思うものです。このようなところに、**思いやりの交換による心の触れ合いが生じる**のです。

　会話はよく「言葉のキャッチボール」だと言われます。また、テニス（や卓球やバレーボール）のラリー（:連続した打ち合い）にたとえられるでしょう。

　本番の英会話をマスターしたい初心者レベルの方々は、
「日本語の分からない外国人と協力して、主として英語での言葉のラ

リーをどちらが長く続けることができるかを、他のチームと競い合うゲーム（活動）」
とみなすのが一番良いと私は思っています。
　テニスなどのラリー中は、打ち返し方を思い出していたり、分析していたり、組み立てていたり、悩んでいたりする暇などありません。全身全霊で相手の動きやボールの動きをよく見て、直感的判断によってすぐボールを打ちかえさねばならないでしょう。
　本番の英会話はこれと非常によく似た「直感的相互協力発話理解」活動で、簡単に言うと「友好的な直感的話し合い活動」です。
　テニスなどにおけるボールの動きは、英会話における意思や気持ちの流れです。相手がサーブしたり、打ち返してきたりする球を打ち返そうともせず、考え込んだり悩んでいたりしていては、ラリーは決してできません。
　相手がどんな球を打ってきても、つまり、どんな発言をしてきても直感的に必ず打ち返せ、きちんと相手のコートに入れることができる初心者用の打法が、本番の英会話の場合、"Sorry??"、"Pardon (me) ??"、"Please guess." や、気持ちを込めた語句1つの発話法なのです。

Ⅱ-16 英語発想順より相手の発言

　話は、日本語が分からない外国人相手の（本番の）英会話で、『**SAMYカルチャーセンター**で（5年間）**象嵌**を習っていて、**作った作品が**（初めて）**入選し**、**美術展に出展してもらえて**（とても）**うれしい**。』ということを、入門レベルの人はどう伝えたらよいかでした。

Dick：What's up?
皆さん：（一瞬考える時の決まり文句⇒）Well,...let's see...
　　　　（決まり文句とあることの感想の1語表現⇒）you know, happy.
Dick：You mean, 'You are happy now'?
皆さん：（即、会話的後付け練習）Yes, I'm (very) happy now.
Dick：Why are you happy?
皆さん：（ジェスチャーしながらのイメージとその英語句表現や決まり文句⇒）Well, My box,...many people,...see,...you see?
Dick：You mean, your box is shown (=displayed) at an exhibition?
皆さん：（即、会話的後付け練習⇒）Yes, my box is....
Dick：shown at an exhibition.
皆さん：（即、会話的後付け練習⇒）shown at an exhibition.
Dick：Very good.
皆さん：（エチケットとして⇒）Thanks.

と、話が進んできました。

すなわち、「私は今とてもうれしいのです。なぜなら、私の箱が展示会で展示されているからです。」ということが相手に伝わったのです。そうしたら、相手の外国人はどんなことを発想し言ってくると思いますか？

このことが重要なのです。重要なのは「(一貫した文脈のない、バラバラの)英語の語句や文を、和訳を付けてたくさん覚えること」ではありません。そんなことをいくらしても、即座の英語での聞き、話し、読み、書きの４技能は正しく習得できません。重要なのは、
「聞き取りや読み取りの場合、状況や文脈（context）から現実的合理的に判断（できれば直観）して、次に相手はどう発想してくるか」
であり、また、「話をしたり書いたりする場合、状況や文脈（context）から現実的合理的に判断（直観）して、次に相手はどう発想することを期待しているか」です。

つまり「英語発想」が分かっていれば、次に相手がどんなことを言ってくるかは、その発言を聞く前に大体分かるのです。「英語発想」は、「問題の物自体から、これに直接（＝密接に）関係するものを経て、次第により間接的（＝疎遠）な関係のものへ」でしたね。

皆さんと Dick さんの会話が上のように展開してきて、**今問題のもの自体は 'my box' です**。'Exhibition' ではありません。'Exhibition' は密接に関係してはいますけど。ですからこのような場合、英語発想の外国人はたいがい、まず 'my box' について確認してきたり、尋ねてきたりします。

展示物は通常作品ですから、**"So you made the box."**〔じゃ、（あなたは）その箱を作ったんですね。〕あるいは、**"Did you make the box?"**〔あなたはその箱を作ったんですか？〕などと。

そうなると、最初にしたかった話の英語発想順の（うれしい→**出展→美術展→**）（初めて）入選→作品→作った→習う→象嵌→（５年間）→SAMYカルチャーセンターにこだわって、次は『（初めて）入選→作品』だな、などと考えてはいけません。**今あった、相手の発言が絶対**な

のです。その英語発想順にこだわっても良いのは、中上級になってからです。

　入門や初級レベルの人達は、相手の協力を得て会話をしながら少しずつ伝えていくのですから、相手の発言に応答することが先決です。

　相手に手伝ってもらいながら、エチケットに従ってきちんと会話をして行けば、順序は少し違っても、きっと言いたいことはほとんど皆コミュニケートできていきます。

　そして、相手もそうしていくことを欲しているはずです。

II-17 和語句を教えてあげる

　話は、本番の英会話で入門レベルの人達が、一例として、『SAMYカルチャーセンターで（5年間）象嵌を習っていて、作った作品が（初めて）入選し、美術展に出展してもらえて（とても）うれしい。』ということを日本語の分からない相手に伝えたい場合、**英語の簡単な決まり文句と語句1つずつを用いて、その結論からはじめ、その直接の原因を伝え、後は相手ときちんと会話をしていくだけでうまくいく**ということでした。
　以下のように。

Dick：What's up?
皆さん：（一瞬考える時の決まり文句⇒）Well,...let's see...（決まり文句とあることの感想の1語表現⇒）you know, happy.
Dick：You mean, 'You are happy now'?
皆さん：（即、会話的後付け練習）Yes, I'm (very) happy now.
Dick：Why (are you happy) ?
皆さん：（ジェスチャーしながらのイメージ英語句表現と決まり文句⇒）Well, My box,...many people,...see,...you see?
Dick：You mean, your box is shown (=displayed) at an exhibition?
皆さん：（即、会話的後付け練習⇒）Yes, my box is...
Dick：shown at an exhibition.
皆さん：（即、会話的後付け練習⇒）shown at an exhibition.
Dick：Very good.
皆さん：（エチケットとして⇒）Thanks.

第Ⅱ章　初級バイリンガルに向かって

> **Dick : So you made the box.** 〔それじゃ、(あなたは) その箱を作ったんですね〕

　さて次は、上に示したように会話が進んできて、前回解説したように相手の外国人が、上記最後のように確認してきたり、あるいは、**"Did you make the box?"** 〔(あなたが) その箱を作ったのですか？〕と尋ねてきたりした場合です。

　皆さんがその箱も作り、その表面に「象嵌」も施したのなら、**"Yes (, I did)."** 〔はい(、そうしました)。〕と言って良いでしょう。

　が、箱も作ったけれど、この場合「象嵌」のほうが主で重要だと思ったら、

　"Well, yes...but..." 〔英会話用決まり文句〕〔それはそうなのですが...〕と言ってから、**「象嵌」は日本語できちんと相手に向かってはっきりと言いましょう。**例の決まり文句 **"you see?"** を使って。**"'zougan', you see?"** 〔「象嵌」わかりますか？〕のように、堂々と。

　この、**英語句がわからなくて日本語句１つ言う時、言わせてもらうのではなく、それを教えてあげる (チャンス) くらいの気持ちで言うことです。友愛の気持ちを込めて。**英会話だのに日本語句を用いるからといって遠慮がちに、小さな声で言ってはいけません。日本では日本語会話なのに、"Excuse me." などと遠慮など全くしないで母語で話しかけてくる外国人が多いでしょう。

　それから、**皆さんの頭が、覚えたこともない「象嵌」に当たる英語句を思い出そうとしたり、考えたりする方向へ行っても絶対にいけません。**

　ところで、その箱を作ってないのだったら、**"No (, I didn't)."** 〔いいえ(、そうしませんでした)。〕と言うことになります。が、この場合の本当の作品は「箱」ではなくて、「象嵌」ですから、ここでも、but 〔が / しかし〕の後**「象嵌」**と日本語で相手に向かってきちんと言うことになります。**"But...'zougan' (, you see)."** 〔でも、「象嵌」(、分かりますか)。〕

97

そうすると相手は、『そんな英単語あったかな？／えーっ？今 'zougan' って言った？』などという気持ちで、たいがい、**"Zougan??"**〔「ぞうがん」だって??〕とその発音を真似てきますから。そうしたら、それをもう一度きちんと言ってあげましょう。**"Yes, 'ZOUGAN'."** のように。

　さて、次に相手はどんなことを言ってくるでしょう？
　もう、お分かりですね。
　多分、それが何か相手に分かりませんから、**"What's that?"**〔それは何ですか？〕とか、**"What does it mean?"**〔それはどういう意味ですか？〕などと言ってきます。そう言わないでとどれだけ願ってもそう言ってきます（注：下記【参考】）。上級者用の用語で言うと、**この人間心理の「表現欲求力学」**(dynamics of expressing desire)が分かることが重要です。

【参考】「コンテクスト (context)：話の流れ」

　これは人間のきちんとした知的心理には流れがあり、英会話にもきちんとした思考やイメージの流れ (context：文脈) があるからです。その流れを変える時や、新たな流れを作る時は "By the way"〔ところで〕等の断りが必要です。ちなみに、日本語会話では故あって（本シリーズの後巻でこの問題を詳しく検討予定）、その流れをしばしば断りもなく変えたり、飛ばしたり、また、割り込んで途切れさせたりしますが、それは英会話ではマナー違反です。

第Ⅱ章　初級バイリンガルに向かって

Ⅱ-18　英会話での表現法の優先順

さて、話は次のように展開してきました。

> Dick：What's up?
> 皆さん：（一瞬考える時の決まり文句⇒）Well,...let's see...（決まり文句とあることの感想の１語表現⇒）you know, happy.
> Dick：You mean, 'You are happy now'?
> 皆さん：（即、会話的後付け練習）Yes, I'm (very) happy now.
> Dick：Why (are you happy) ?
> 皆さん：（ジェスチャーしながらのイメージ英語句表現と決まり文句⇒）Well, My box,...many people,...see,...you see?
> Dick：You mean, your box is shown (＝displayed) at an exhibition?
> 皆さん：（即、会話的後付け練習⇒）Yes, my box is...
> Dick：shown at an exhibition.
> 皆さん：（即、会話的後付け練習⇒）shown at an exhibition.
> Dick：Very good.
> 皆さん：（エチケットとして⇒）Thanks.
> Dick：So you made the box.〔それじゃ、（あなたは）その箱を作ったんですね。〕
> 皆さん：No (, I didn't.)〔いいえ（、そうしませんでした）。〕
> 　　　　But...'zougan',.. you see?
> 　　　　〔でも、「象嵌」、分かりますか？〕
> Dick：Zougan??"〔「ぞうがん」だって??〕

99

> 皆さん：Yes, 'ZOUGAN'.〔そうです。「象嵌」です。〕
> Dick：What's that?〔それは何ですか？〕

　今や問題は「象嵌」に当たる英語句を知らない場合や忘れた場合、それをどう伝えるかです。

　本番の英会話では、知らない英語の語句や、忘れた英語の語句や文を思い出そうとしてはいけなかったですね。

　マナーに従って "Just a moment." と断っても、和英辞典を引いてもいけません。そんなことをしたら、「日英暗記暗唱の受験脳」を養うだけで、「理解表現の英語脳」から遠ざかるばかりです。

　一般に、ある「もの」の言葉が分からず、それがどのようなものかを知らせる場合の伝達法は、次の優先順位で直感して選ぶべきです。（ただし、以下はそのものが「象嵌」の場合で解説。）

1）まずは「象嵌」を施した宝石箱や壺など、**そのもの自体がその場にある場合**です。この場合は、それを指し示しながら、「**あれが象嵌の箱（です）よ。(That is a 'zougan' box.)**」と言い、その場から見えなくても、**押入れや隣の部屋など、近くに置いてあれ**ば、「**ちょっと待って（ください）ね。(Just a moment, please.)**」と言ってそれを取って来て、「**これが象嵌の箱（です）よ。(This is a 'zougan' box.)**」と言い、**その表面を手（の平）で示しながら**、「**これが象嵌です。(This is 'zougan'.)**」と言えば良いだけです。「彫金」「篆刻」の場合も同様です。

2）また、そのものがその場や近くになくても、その**写真や絵**があれば、それを出したり、持って来たりして、問題のものを指し示し、「**これが〜（です）よ (: This is '〜'.)**」と言えば良いだけですね。

3）紙とペンが身近にあれば、そのもの自体からそのよくある周辺の**絵を簡単に描きながら説明する**のもとてもよいことです。

4）そのもの自体もその写真や絵も筆記用具もない場合は、その代わ

りに**即座に、それを頭にはっきりとイメージする**のです。一瞬にしてそのもの自体（と、必要ならそのよくある周辺）の絵を頭に描くといっても良いでしょう（以上、アナログ的活動）。そして、**それをそのもの自体から英語で説明**し始めるわけです（これはデジタル的活動）。

　が、**入門レベルの方々は英文にしないで、英単語だけを1つずつ、できれば自然なジェスチャーを交えながら英語発想順に並べれば良いだけ**でしたね。

　この4）は英語の暗記暗唱ではなく、英語での表現であることに注意して下さい。また、3）の絵を描きながら英語のやさしい語句を言っていき、相手にそれがどのようなものかを伝える場合も、表現していることに注意してください。

　英文で説明するためには、正しい英文法が身に付いていなければなりません。"This is ' ～ '." は大丈夫でしょうけれど、**正しい英文法が身についていないのに英文らしいものにして発話すると、たいがいその英文は誤っていて、相手（の頭）を混乱させるだけ**です。

II-19 明確なイメージと英語発想順が重要

さらに話は、

> Dick：What's up?
> 皆さん：（一瞬考える時の決まり文句⇒）Well,...let's see...（決まり文句とあることの感想の１語表現⇒）you know, happy.
> Dick：You mean, 'You are happy now'?
> 皆さん：（即、会話的後付け練習）Yes, I'm (very) happy now.
> Dick：Why (are you happy)?
> 皆さん：（ジェスチャーしながらのイメージ英語句表現と決まり文句⇒）Well, My box,...many people,...see,...you see?
> Dick：You mean, your box is shown (=displayed) at an exhibition?
> 皆さん：（即、会話的後付け練習⇒）Yes, my box is...
> Dick：shown at an exhibition.
> 皆さん：（即、会話的後付け練習⇒）shown at an exhibition.
> Dick：Very good.
> 皆さん：（エチケットとして⇒）Thanks.
> Dick：So you made the box.
> 皆さん：No (, I didn't). But...'zougan' (, you see).
> Dick：Zougan??"
> 皆さん：Yes, 'ZOUGAN'.
> Dick：What's that?

と展開してきました。

　が、本会話例の場合、その「象嵌の箱」は展示会で展示されているので手元や近くにありません。その写真でもあれば、それを見せて説明すればよいのですが、ここではそれも筆記用具もない場合として解説します。

　この、前回お話した 4) の場合は、「第Ⅱ章-10：暗記暗唱脳からバイリンガル脳へ」(p75〜)と「第Ⅱ章-11：イメージをやさしい英語で表現」(p78〜)で解説した方法を用いることになります。そこでは**即座にそのもの自体を頭にイメージする（絵を描く）**ことが重要でしたね。

　そして、**それをそのもの自体から説明し始めるのですが、入門レベルの方々は英文にしないで、できれば自然なジェスチャーを交えながら、知っているやさしい英単語（英語句）だけを１つずつ英語発想順に言えばよいだけでした。英語句のわからない時は和語句を用いて。**

　このときの**自然なジェスチャー**とは、**皆さんにとって自然なもので**、ネイティブスピーカーにとって自然なという意味ではありません。ネイティブスピーカーのジェスチャーは、この方法で彼らと本番の会話をしていればそのうち自然に（いわば、乗り移って）身に付いてきます。

　さて、そのイメージしたものは言葉で表すしかないので、日本語で言いますと「**表面に銀の意匠を施した美しいもの**」となりますが、これはそのイメージしたものを抽象的な**大人の日本語で表現**したもので、**やさしい英語での表現**に役立ちません。

　やさしい英語で表現する場合、**具体的な「象嵌」**、例えば今回自分が実際に例の箱に施した**象嵌をしっかりイメージして、幼稚園生にも分かるように言ってあげる**のでしたね。

　この場合、難しい言葉を次のように変えて言うことになるでしょう。「表面に銀の-意匠（⇒花もよう）を-施した（⇒彫って埋めた⇒彫って入れた）美しいもの」と。

　この重要内容語句の**英語発想順**は、

「**美しいもの→彫って入れた→銀の花（もよう）→表面**」【※注】
です。これを、この順に１つずつ、やさしい英語句（または和語句）に

して言えば良いだけですが、この時重要な注意が２つあります。その１つは、

　１）私的な（＝具体的な）例で、ある（抽象的な、あるいは一般的な）ことを説明する時は、"For example,"〔たとえば、〈直訳〉例として〕と言ってから私的な説明に入ること。

です。ちなみに**英語のネイティブスピーカー達はこの私的な（＝具体的な）説明をとても好みます。**

　もう１つの注意は非常に重要で、これに関しては**次回**です。

【注】「銀の花（もよう）」の「もよう [design(s); pattern(s)] の英語を知らなければ、pictures としてもよいのですが、その前の「彫って入れた」から、なくても分かります。

第Ⅱ章 初級バイリンガルに向かって

Ⅱ-20 達人の技——最少限の英語句で

　本番の英会話で、日本語の全く分からない外国人を相手に、それが何であるかを伝えたい「象嵌」があり、その説明の重要内容語句の**英語発想順**は、
　「美しいもの→彫って入れた→銀の花（もよう）→表面」
でした。
　それには、これをこの順に1つずつ、やさしい英語句（または和語句）にしてきちんと相手に向かって言えば良いだけでした。が、この時、一般的に「象嵌」と呼ばれるものの説明であっても、特殊な自分の場合の説明を "For example,"〔たとえば、〈直訳〉例として〕と言ってすることが重要でしたね。
　もう1つの非常に重要なことは、
　2）「動詞」を言う時は、かならずその前に「主語」を言うこと。
　本例の場合、『彫って入れた』は『彫った、そして入れた』ですが、この『彫った』も『入れた』も動作を表し「動詞」で、その**動作をする主体を表す言葉、つまり「主語」**は『私』ですね。
　ですから、伝えることは、
　「美しいもの→私→彫って入れた→銀の花→表面」
の順になります。そして、その「ジェスチャーと和語句交じりの英語句表現」は、
　"(You know,) Beautiful thing, for example,...me (: I),...（ジェスチャーで）彫って、put in,...silver flower,...（ジェスチャーで）表面."
のようになります。
　ところで、**このような「最少限の言葉数で最大限の効果をあげる表現**

105

法」はコミュニケーションの達人の方法ですから、堂々とこれを行うことです。

　そうすることにコンプレックスを抱いてはいけません。**英語の達人よりはコミュニケーションの達人の方が、社会生活上はるかに優れている**のですから。

　そうするとたいがい、相手の外国人はそれが何であるか分かります。そして、

　　"Ah, you mean, 'inlaid work'. Isn't that wonderful?"
　　〔ああ、おっしゃっているのは、「象嵌細工」のことですね。それはすばらしいじゃありませんか。〕

などと言ってきます【※注】。　そうしたら、皆さんは、

　　"Inlaid work?"〔えっ、「インレイッワーク」って言いましたか？〕

と気持ちを込めて言って、'inlaid work' をもう一度発音してもらい、その発音練習をさせてもらうのでしたね。

　あるいは、

'Inlaid work' を説明してもらおうと思った時は、

　　"'Inlaid work'? Sorry?"〔'Inlaid work' ですって？　すみません、分かりません。〕

と相手に向かってきちんと言えば良いだけでしたね。

　この時、もちろん "Sorry?" の代わりに "What's that?" と言えたらもっといいですね。

　そうしたら、その相手の説明は大体理解できるはずです。その説明に用いられた英文の成り立ちは分からなくても、内容的に。何しろ、よく知っているものの説明ですから。

　この、本番の英会話で、知っている、あるいはよく分かっていると思っている英語句を不確かなものとし、相手の外国人にその意味を尋ね、その説明の英語を聞かせてもらうことは、主として暗記暗唱法で英語や英会話を習ってきた初級以上の私達日本人にとって、そのマスター上非常に重要です。

以上のように話が流れてきた場合、たいがいの外国人は次に、

"What box is that?"〔それは何の箱ですか？〕

とか、あるいは、

"Are you learning inlaying (somewhere) (now) ?"〔(あなたは)(今)(どこかで)象嵌を習っているのですか？〕

などと尋ねてきます。

いかがですか？

逆方向ですが、伝えたい物事の方向へ話が進んで来ているでしょう。

【注】その前に、皆さんの「ジェスチャーと和語句混じりの英語句表現」を次の《参考１》や《参考２》のように英文にして確認してくることがあります。しかし、その解説は省きます。その理解には英文法の知識が必要ですので。

《参考１》

"Well, I think you want to say, 'something beautiful because you engraved (＝carved) flower patterns and laid silver into them on the surface (of your box)'." (そうですねー、おっしゃりたいのは「(その箱の) 表面にあなたが花の模様を彫って、それに銀を嵌め込んだから美しいもの」ということですね。)

《参考２》

"Well, I think you want to say, '(It's) a jewry box with inlaid silver pictures on the surface' (＝ a jewry box with silver designs inlaid on the surface)." (そうですねー、おっしゃりたいのは「表面に銀の意匠が嵌め込まれている宝石箱」だということですね。)

II-21 英語を思い出すのをやめ、即イメージ

話は、

> Dick：What's up?
> 皆さん：Well,...let's see... you know, happy.
> Dick：You mean, 'You are happy now'?
> 皆さん：Yes, I'm (very) happy now.
> Dick：Why (are you happy) ?
> 皆さん：(ジェスチャーしながら) Well, My box, ...many people, ... see, ... you see?
> Dick：You mean, your box is shown (＝displayed) at an exhibition?
> 皆さん：Yes, my box is...
> Dick：shown at an exhibition.
> 皆さん：shown at an exhibition.
> Dick：Very good.
> 皆さん：Thanks.
> Dick：So you made the box.
> 皆さん：No (, I didn't) . But...'zougan' (, you see) .
> Dick：Zougan??"
> 皆さん：Yes, 'ZOUGAN'.
> Dick：What's that?
> 皆さん：(You know,) Beautiful thing, for example,（ジェスチャーしながら）...me (:I) ,...彫って、put in,...silver flower,...表

> 面．(主として単語でしか伝えられない英会話の初心者だと分かれば、名詞に必要な冠詞や単複の問題は大目に見て、それとなく直してくれます。)
> Dick: Ah, you mean, 'inlaid work'(象嵌細工). Isn't that wonderful?
> 皆さん: 'Inlaid work'?
> Dick: Yes, 'inlaid work'.
> 　　　(この場合の work の意味は、上に示したように「作品」ではなく「細工」)
> 皆さん: 'Inlaid work'.
> Dick: Very good. By the way, what box is that?。

のように展開してきました。が、

"What box is that?"〔それは何の箱ですか？〕

と尋ねられ、「宝石箱」の「宝石」という英単語を知らなくても、忘れても、あわててはいけなかったですね。その**英単語を思い出そうとしたり、考え（出そうとし）たりしてもいけなかった**ですね。

そうです、**即、頭に宝石（類）の明確なイメージをする（＝絵を描く）**のでした。

そうしたら、すぐに次のように言えますね。

"You know, for example, ring, earring, necklace, など."（文法的には rings, earrings, necklacesと複数形に）

〔あのーですね、例えば、指輪、イヤリング、ネックレス等です。〕

と。そうすると相手は、

"'Nado'? What does it mean?"

〔「など」だって？　それはどういう意味ですか？〕

と聞いてくるかもしれません。が、文脈から分かって、聞いてこないかもしれません。聞いてきたら、

"Please guess."〔言い当ててみて下さい。〕

と言えばよいだけです。(この展開は次回の会話例をご覧ください。)いずれにせよ、相手は、

 "By those, you mean, 'jewelry', so your work is 'an inlaid jewelry box'."

 〔それらの例で、おっしゃっているのは、'jewelry' のことですね。それでは、あなたの作品は「象嵌の宝石箱」ですね。〕

などと言ってきます。そうしたら、『それはそうだけれども、「宝石」の英単語が「ジュウ...」何か分からない』と思ったら、

 "Yes,...but...'jew...what'??"

 〔そうですけど、「ジュウ...」何とおっしゃった??〕

などと言って相手の顔を見ればよいだけです。相手はきっともう一度ゆっくりその英単語を言ってくれます。そうしたら、それをきちんとまねて発音させてもらうのでしたね。

第Ⅱ章　初級バイリンガルに向かって

Ⅱ-22　もう詳しい解説は不要でしょう

　やっと終わりに近づきました。もちろん、日本語の全く分からない外国人との本番の英会話において、入門レベルの私達がどうしたら、したい話が相手にきちんとコミュニケートできるか、その方法の解説のことです。
　ところで、前回解説した部分は以下のとおりです。

> Dick：Very good. By the way, what box is that?
> 皆さん：You know, for example, ring, earring, necklace, など。
> Dick：'Nado'? What does it mean?
> 皆さん：Please guess.
> Dick：Well...I guess it means,...'etc.'
> 皆さん：'エッセツラ'？
> Dick：Yes, Very good. Anyway, by those, you mean, 'jewelry', so your work is 'an inlaid jewelry box'.
> 皆さん：Yes,...but...'jew...what'??
> Dick：Jew-el-ry, you see?
> 皆さん：jew-el-ry?
> Dick：Yes, very good.

　そしてこの話はこの後、大体以下のように展開していくでしょう。が、その和訳と簡単な解説を【　】に入れて付けるだけで、**詳しい解説はもう不要でしょう**。入門レベルの方々のための本番の英会話法として必要な解説は、し尽くしたと思いますから。

111

Dick：So (あるいは、By the way) , you're learning inlaying now, aren't you?
〔それでは (or ところで)、今、インレイイングを習っているのですね。〕

皆さん：'Inlaying'?? Sorry? (あるいは、What's that?)
〔「インレイイング」ですって?? 分かりません。(or それは何ですか?)〕

Dick：(I mean) 'Zougan'.〔(僕の言っているのは)「象嵌」です。〕
【このように、ネイティブスピーカーが学んだばかりの和語句を、今している英会話で使ってくることが間々あります。】

皆さん：Yes, (I'm) learning...〔そうです。習っているのです...〕
【このように、先ほどはまねて言えた 'inlaying' なのに、ふと忘れて思い出せないことも間々ありますね。こんな時は、『次はなんでしたか？』という顔をして相手の顔を見ればよいだけです。】

Dick：'Inlaying'.〔「象嵌」をね。〕

皆さん：Thanks...learning inlaying now.
〔ありがとう...今象嵌を習っているのです。〕

Dick：Very good. How long?
〔大変良いですよ... どれくらい (長い間) ？〕

皆さん：About five year.〔およそ５年。〕
【'five year' は文法はずれですが、前回も対話例中で言ったように、英文を作らず英語句１つずつで訳のわかった会話ができている場合、英文法が苦手なことは分かってくれ、相手はまずいところをそれとなく直してくれます。】

Dick：Oh, about five years. Where?
〔えっ、約５年も？ どこで？〕

皆さん：SAMY Culture Center...Osaka.

〔大阪... サミー・カルチャーセンター。〕
Dick : Ah, at SAMY Culture Center in Osaka (City).
〔「大阪(市)にあるサミー・カルチャーセンターで」ということですね？〕
皆さん : Yes. At SAMY Culture Center in Osaka (City).
〔そうです。大阪(市)にあるサミー・カルチャーセンターで。〕
【このように、文法的によりよくしてくれた英語をきちんととらえ、相手に向かってきちんと言うと、相手は通常うれしい気持ちになります。】
Dick : Excellent!〔よくできました！〕

のように。

第Ⅲ章 見知らぬ外国人と友達になろう

Ⅲ-1　1分で英単語1つの意味を教えてもらおう

　さて、本書の「第Ⅰ章-1：英会話成功のための念仏と呪文」で約束しました「**外国人との本番の英会話への無料での入り方**」について少し詳しくお話します。

　これは「**巷（＝街のあちこち）で見かける、見知らぬ外国人に話しかける方法**」として、私が二番目に良いのではないかと思っている方法です。一番良いと思う方法を先にお話しすると、多分皆さんに受け容れてもらえないでしょうから、それは二番目の後で解説することにしました。

　その二番目に良い方法とは、ずばり次のように話しかけ、次のような展開になるものです。（ただし、「/」は「または」の意味。他は後ろの【以上の注】をご覧ください。）

皆さん：**Excuse me.**「エクス'キューズ'ミィー」
　　　　〔恐れ入りますが…〕
外国人：**Eh?**〔えっ？〕/ **Yes.**〔はい。〕/ **What?**〔何ですか？〕
皆さん：**(Could you give me) Just one minute, please.**「（クッジュギ（ブ）ミー、）ジャス（ト）ワンメネッ'プリーズ??」
　　　　〔1分だけ（頂けませんでしょうか）、お願いします。〕
外国人：**Sure. What do you want?**「ショァ．ワリュウ'ウワン（ト）」〔いい（です）よ。何だね？/何でしょうか？〕
皆さん：（印刷してある、またはあらかじめ書いておいた意味の不確かな、あるいは知らない英単語を1つ指し示して）
　　　　What does this mean?「ウワッ、ダズディス'ミーン??」
　　　　〔これはどういう意味でしょうか？〕

第Ⅲ章　見知らぬ外国人と友達になろう

> 外国人：**Let me take a look at it.**「レッミー'テイカー'ルックアッテッ（ト）」
> **um... This means 〜.**「アム...ディ（ス）ミーン（ズ）〜」
> 〔ちょっと見せて（ください）。えーっと、これは〜という意味（ですよ）。〕
> 皆さん：**I see.**「アイスィー」　**Thanks a lot.**「スァンクス'アロッ（ト）」〔分かりました。ありがとうございました。〕
> 外国人：**Not at all.**「ナラロー」〔いいえ。〕

【以上の注】

　英文の後、「　」内にカタカナでその発音を、できるだけ実際の発音に似せて示しましたが、これはもちろん便宜上のものです。しかし、相手の外国人の発音は大体そのように聞こえ、皆さんの発音をそのようにすれば多分通じるでしょう。ただし、（　）に括られたカタカナ１つの発音は発音しかけて止め、すぐ次の発音に入ること。（例：クッジュギ（ブ）ミー ⇒ kujyugibmi: または、kujyugivmi）また、「、」は長めの、そして「'」はごく短い切れ目を表しています。

　ところで、より正しい発音は目線や表情やジェスチャーと共に相手の発音を真似ることによってするのです。

　しかし、英語の正しい全発音の習得は、それ用のテレビ番組やビデオで徹底的に練習することをお勧めします。

　ちなみに、私達は「叫び声」や「勝どき」等から始める、その（＝英語の正しい全発音習得の）最短距離の方法を開発しましたが、これは私達の教室でレッスンを受けて頂くか、訪問レッスンを受けて頂かなければなりません。

　さて、話をもとに戻します。上の対話例の皆さんの発言の太字英語部は、暗記しておいて本番の場面で言ってもよいでしょう。この話の流れ

がよく分かっていて、心を込めてきちんと相手に向かってそれらをおっしゃる限り。

　ところで、問題の英単語の相手の説明部や、皆さんの質問や確認やその他、問題解決の発言等の対話部はどう展開するか分からないので、私が今まで本書で解説してきた即座の本番英会話法できちんとしていかねばなりません。

　このことを含め、次回から数回、「巷での外国人に対するこの話しかけ方とその展開や発展」に関して、特に注意すべき点を少し詳しくお話したいと思います。

　ちなみに、この「街のあちこちでの見知らぬ外国人への話しかけ方」を、最近私が実際に試してみましたが、結果として何の問題もありませんでした。大きな本屋さんの洋書売り場やホテルのロビー、コンビニや路上、それに駅のプラットホームで、それぞれ2回ずつ計10回。

　が、彼らは皆、親切に応対してくれましたよ。

　さあ、皆さんも次回以降の諸注意をよく読んで、勇気を出して街で見知らぬ外国人にどんどん話しかけてみましょう。それはきっと色んな意味で、素晴らしい体験となるに違いありません。

第Ⅲ章　見知らぬ外国人と友達になろう

Ⅲ-2 エチケットはもちろん、口約束も守ろう

　「私達、英語を外国語として学ぶ日本人が、日本語の分からない外国人と**本番の英会話をする時、最も大事なのは何**でしょう？」と問われると、「それは一言で言うと英語のネイティブスピーカー達が言う『**コモンセンス**』[common sense]（注１）でしょう。」と、あるいは「『**国際人としての良識**』でしょう。」と私は答えます。**英語ではなくて。（注２）**
　が、このような一般的な言い方ではよく分かってもらえないようですので、それをもう少し具体的にして、「**エチケットやマナーを中心とする、社会人としての良識**」と「**その会話の当事者達の能率的な目的達成**」だと言うことにしています。

　エチケット（/マナー）を守りながら英会話に入り、その会話における自分の目的だけでなく、**相手の目的（注３）**もできるだけ速く、きちんと達成できるように協力し合いながら話すならば、通常、どの外国人も時間の許す限り快く相手してくれるはずです。
　街角で一人の日本人がにこやかな顔をして、**"Excuse me."** と言って、（またはこれに当たる日本語で「**恐れ入りますが...**」と言って、）英語のネイティブスピーカーに近づいて行ったとします。
　特に急いでいるわけでもない場合、そのネイティブスピーカーはきっと笑顔でその人の相手をしようとしてくれるでしょう。**特別な事情**のない限り。**（注４）**
　そして、その日本人が、**"(Could you give me) Just one minute, please?"**〔１分だけ（頂だけませんでしょうか？）お願いします。〕と言ったら、（あるいはそう書いたものを見せたら、）きっと快い返事をく

119

れるでしょう。そして、その日本人はある１つの英語の語句の意味を知りたいだけだと知ったら、そのネイティブスピーカーはきっと喜んでその意味（概念）を説明し、皆さんのその理解に協力してくれます。

　が、ここで私は非常に厳しいことを１つ皆さんに言わねばなりません。それは、１分 (minute) は60秒 (seconds) であり、この会話は60秒だけを頂くという条件で相手をしてもらっているということです。もちろんこれは、60秒きっかりに話し終えねばならないということではありません。が、それは１分だけくれることに相手が同意した時から60秒以内に必ず、いとまごいをしなければならないということです。たとえ相手のその説明が終わっていようが、終わっていまいが。また、皆さんがその説明を理解できていようがいまいがです。

　つまり、その説明が60秒以内に終わって、それを皆さんが理解できた場合は、直ぐに皆さんは "Thanks a lot." あるいは "Thank you for the time."「サンキュウ、フォザターイム」〔お時間ありがとう（ございました）。〕と言う（、あるいはそう書いたものを見せる）のです。それから、もしできれば続けて、"Have a good day."「ヘァブア、グッデーイ」〔(直訳:) 良い日を持たれ（＝過ごされ）ますように〕とでも言って、（英語で言えなければ日本語で、状況からしてそれに当たる「それじゃ、失礼します」などと言って、）そこを離れ（ようとし）なければならないということです。

　ところで、50秒くらい過ぎても相手がまだ説明の途中であったり、皆さんがまだその意味がよく分からなかったりしても、"Sorry, it's about time."「ソーリィ、ツアバウ、ターイ（ム）」〔残念ですが、そろそろ時間ですね。〕と言って、（あるいはそう書いたものを見せて、）"Thanks a lot." や "Thank you for the time." に入りましょう。

　そうすれば、そのような皆さんを相手は、約束やエチケットをきちんと守る良識のある人と思うでしょう。

　そして、**もし、以上の皆さんの発言や表現だけでなく、相手の発言や表現に対する皆さんの理解にも心がこもっていたら（注５）**、相手は皆

さんのことを素晴らしい人だと思ったり、感激したりし、相手はもっとその会話を続けたいと思いうかもしれません。そして、プライバシーに触れないことから次第に皆さんのことをあれこれ尋ねたり、自分のことを話したりしてくるかも知れません。

　この場合、もちろん最初の約束の1分にこだわる必要はありません。2人の時間が許す限り話し合えば良いのです。また、もし時間がなければ、別の機会を約束できるかも知れません。そうなればその人と友達になるチャンスが生まれてきますよね。

（注1）"common sense［コモンセンス］"とは日本語の「常識」とは大きく異なり、「（人種、民族、宗教、国籍を問わず）世界中の成人した人間なら誰しも持っているはずの合理的判断（力）」のようです。
（注2）〜（注5）に関しては、次回以降の本文で少し詳しく解説します。

Ⅲ-3　良識を持って話かけよう

　英（語）会話は会話です。英語ではありません。
　藻川は川であり藻ではないように。
　英語は主たる伝達手段として英（語）会話に関係していますが、「**会話**」とは**ある目的を持った**「**即座の相互作用意思伝達活動**」でしょう。この漢語的な表現に、日常会話語の解説を付けて表しますと、ある目的を持った「即座の（＝とっさの、つまり、準備やリハーサル無しの直感的にする）相互作用（＝互いに影響し合うから話がどう進むか前もって分からない）意思伝達（＝互いに表現し合ったことを理解し合う）活動（＝生き（生きとし）た行いのこと）」となるでしょう。
　ですから、「英会話」学習は「上記ができるようになる」学習でなければなりません。
　英会話学習を「会話力」や「英語での会話力」ではなくて、「英語力」や「会話用の英語力」を身に付けるものだとして学習すると、すればするほど、英語や会話用英語のテストの成績はよくなるでしょうが、（本番の）英会話はますます正しくできなくなります。なぜなら、本物の英会話に臨んだとき、会話ではなく受験の頭になってしまうからです。**英会話を含め、会話は語学力をテストしたり、競い合ったりする活動ではなく、友好的におこなう心理的社交的活動**でしょう。
　ですから、私達が外国人と英（語）会話をする時、英語が最も重要だとしてはいけません。以上が前回の**（注２）**の解説です。

　さて、今、私が皆さんにお勧めしている見知らぬ外国人への話しかけ方は、「街で外国人を見かけたら、近づいていって英語句１つの意味を

尋ねる」というものでしたね。

　私がなぜこの方法をまず第一に、広く日本の本番英会話学習の初心の皆さんにお勧めするかというと、これが『コモンセンス』つまり国際的社会人としての良識にかなった最もやさしい見知らぬ外国人への話しかけ方だと確信するからです。

　ある人（Aさん）が見知らぬ人（Nさん）に突然話しかけた場合、その見知らぬ人（Nさん）はその時の自分の自由な（あるいは必要な）考えや気持ちを突然破られるという一種の被害を受けます。この時、その見知らぬ人（Aさん）が自分に突然話しかけるのも無理ない、つまり道理にかなっているとNさんが思った場合にのみ快く相手してくれる可能性があるのです。エチケットやコモンセンスに反した話しかけ方はしないようにしましょう。

　ところで今は昔、大阪万博（1970年）の前の年に、イーディス・ハンソンという米国はオクラホマ大学フランス語科卒の日本語ペラペラの女性が『カタコト英語で十分です』という英会話入門書（実業之日本社）を発行されました。よく売れたこの新書の第6章で、彼女は見知らぬ外国人への話しかけ方とし、"May I speak English with you?"〔あなたと英語を話してもいいでしょうか。〕や、"May I practice my English with you?〔あなたと私の英語を練習してもいいでしょうか。〕を勧めておられます。が、これを読んだ瞬間、私は直感的にこれらは共にエチケットやコモンセンスに反し、そんなことを言うと、相手は (OK, but after that,) May I speak Russian with you?〔（いいよ、がその後で）あなたとロシア語を話してもいい？〕とか、(Before that) May I practice my 'karate' with you?〔（その前に）君を相手に空手の稽古をしてもいい？〕などと、からかって来て、皆さんはとても困り、恥ずかしい思いをするのではないかと思ったものです。

　そうしたら案の定、1990年出版の『ケリーさんのすれちがい100─日米ことば摩擦』（三省堂）の第1章「誤解される質問：禁句─友達になるなら」の項目9に、最も嫌われる表現の1つとして "May I practice (/

speak) English with you?" が取り上げられています。そして、そのネイティブスピーカーの反応として、私の思った、May I practice Kung Foo with you? の他に、「喜び勇んで20分ごとにかかる膨大な（相手）料金を告げることにしている」という女性の例や、「『ノ．アブロ　ハポネス』（＝日本語わかりません。）とスペイン語でがなりたてる」ことにしていた男性の例があげられています。この最後の例などは、話しかけた人の英語を日本語と決め付けることによって、明らかにその日本人を侮辱しています。

　このような応答の原因は、巷の外国人に、突然無料で見知らぬ私達の英会話の練習相手になるべき何のいわれも、筋合い（道理）もないからです。

【注】ちなみに、ケリーさんの同書の同じ項に、プライバシーの侵害を避けるため相手や自分自身の個人的な質問はできるだけ避け、（その時の）まわりの状況を話題にするのが良い旨の解説があります。これは特に見知らぬ外国人に話しかける時に重要なことです。

Ⅲ-4 嫌な顔をされたり、侮辱されたりしたら

　英語のネイティブスピーカーはいわば英会話の達人です。
　そのネイティブスピーカーらしい人に、いわば英会話の幼児のような（外国語として英語を学ぶ）私達日本人が、英語の語句1つに困っていて1分だけ助けてくれないかと頼むのは『コモンセンス』（国際的社会人としての良識）に違反していないでしょう。
　道理にかなっているでしょう。
　もちろん、相手してくれない場合もありますが、その場合その見知らぬ人（Nさん）が英語のネイティブスピーカーやバイリンガルである場合、
　Sorry, I'm in a (big) hurry.〔ごめん（なさい）、（とても）急いでいるので。〕
などと笑顔で言って、マナーに従って断ってくれます。**特別な事情**のない限り。**(注4)**
　英語の話せない外国人の場合は、自分の母語、例えばフランス人ならフランス語で微笑みながらていねいに断ってくれるでしょう。
　これらのような場合、**(Oh,) Thank you just the same.**「（オゥ）サンキュウ、ジャスタセイ（ム）」あるいは日本語で〔（あら、）とにかく、ありがとう（ございました）。〕（＝上記英文の意訳）ときちんと相手に向かって笑顔で言って、その場を去りましょう。
　しかしながら、目線を合わせ、あるいは合わそうとして微笑みながら近づいて行っても、とても嫌な顔をして目線をそらす外国人や、マナーに従って笑顔で話しかけても、つっけんどんな態度や怖い顔をして何かを叫び（＝言い？）ながらこれを拒否する外国人もよくいます。
　残念ながらこのような人は、比較的長い間日本に滞在しているブロン

ド（＝青い目をした白人）の外国人に多いようです。
　この人たちはなぜこんな風なのか分かりますか？　そんな外国人達はたいがい、これまでに街で何度もコモンセンスやマナーにに欠けた日本人英会話学習者に話しかけられ、何を言っているのかほとんど分からない broken English（＝でたらめな英語）や相互コミュニケーションの全くできない一方的な演説（？）の相手をしなければならず、日本人英会話学習者に嫌悪感や恐怖感を抱いている人たちです。そのような外国人中には英会話の先生をしている人や、した事のある人も多いでしょう。そして、この場合それは**自業自得**と言えるでしょう。(**注6**)
　以上が（**注4**）の**特別**な**事情**を持っている外国人の最も典型的で重要なものです。
　そして、そのような外国人に運悪く当たっても、くじけることも、滅入ることもありません。堂々と、あるいは悠然と、今上で紹介した"(Oh,) Thank you just the same." を言い、そして good も by もしっかりと、相手に向かって心を込めて "GOOD--BY"〔さよーなら。〕と言ってその場を去りましょう。そのように言うと good は「永久に」というニュアンスを帯びて来ます。ちなみに、'for good' は「永久に、永遠に」という成句です。

　ところで、運悪くそのような外国人に当たる場合もありますが、本章で私が推薦している方法で話しかけた場合、多くの外国人は快く相手をしてくれます。その時、**この会話の私達日本人の当座の目的は、問題の英語句1つの意味を相手にきちんと教えてもらうことです。また、相手の外国人の当座の目的は、私達にその意味をきちんと教えることとなるでしょう。**これが（**注3**）のこの場合の「**相手の目的**」です。
　ところで、立場は違うけれど、両者のこの共通の目的を速く気持ち良く達成するためには、皆さんの頭が他所へ行ってはいけません。相手の言った英語を和訳しようとしたり、過去に覚えた英語の語句や文を思い出そうとしたり、思い出した英文の一部を変えて言おうとしたり、頭に

浮かんだ和文を英訳しようとしたしてはいけません。これらの場合皆さんの頭は会話の世界から遠くはなれ、全く他所へ、つまり受験の世界（や、演劇の世界）に行ってしまっているのでしたね。その間、相手の言うことも聞こえないし、相手のジェスチャーや表情や目線も見えません。そしてその結果、相手を待たせ、ほとんどの場合トンチンカンなことや、誤った英語の語句や文を言う結果に終わります。

　このような時の相手の外国人には、皆さんがその説明をよく聞いていず、またそのジェスチャー等もよく見ていないで、頭が他所へ行っていることはたいがい分かっています。**これは、大変失礼なことでしょう。なにしろ、見知らぬ者同士であるのに街で突然英語句の意味を尋ねておいて、その説明をよく聞いていないのですから。**

　ですから、私達は相手の発言はもちろんのこと、ジェスチャーや表情や目線等（＝ノンバーバル・メッセージ：nonverbal messages）による表現も、心して理解するように努めねばなりません。以上が、**(注5)に関する解説**です。

Ⅲ-5 微笑みながら日本語で話しかけてみよう

　前回の冒頭で、私は、
「英語のネイティブスピーカーはいわば英会話の達人である」と言いました。
　しかしながら、今回はこの冒頭で、
「今までのところ、英語の（日本人だけでなく）ネイティブスピーカーの先生方も『英会話教育や教授』に関してはほとんど全くの素人のようである。」
と言わざるを得ません。
　なにしろ、英語を母語とする人々の国々に英語留学し1日平均5時間、週5日、ネイティブスピーカーの先生による授業を1年間まじめに受けても、2年間頑張っても、私の言う「初級バイリンガル（basic bilingual）」にもなれず、帰国してくる日本人がとても多いのですから。
　中には、この英語留学をして多額のお金と時間と労力を使って、どうにもならなかったので泣いている女性が近所にいるという報告も、最近私の生徒さんから受けました。
　日本で日本人の先生に英会話レッスンを受ける場合はもちろんのこと、ネイティブスピーカーの先生のレッスンを受ける場合も同様です。
　これは、それが日本人であれネイティブスピーカーであれ、英会話の先生方が（ほとんど）皆「英会話の教授や学習」とは「（会話のための）英語の教授や学習」だと完全に誤解なさっているからです。
　それが、主として英語を用いた「即座の友好的相互作用コミュニケーション法」の、あるいは、「エチケットに従った心理社交術」の教授や学習であることがよく分かっていらっしゃらないからです。

そのような先生方にしか習ったことがなかったり、会話用の英語しか学習したことのない人が本番の英会話に臨んだ場合、剣劇（＝芝居）の立ち回りしか習ったことのない人が真剣勝負の立ち合いに臨むのと同様でしょう。その時のその人の頭の中は推して知るべしです。頭の中は大荒れか、真っ白になって何も正しく直感できない状態でしょう。エチケットやコモンセンスなどあったものではないでしょう。つまり、良識を持ってその英会話ができないのも当然です。

　私は、ネイティブスピーカーの先生方こそ中心となって、英会話の最初の方のレッスンで（エチケットを中心に）良識のある本番英会話法を徹底的に私達日本人にお教えになるべきだと思っています。

　そうしてもらえれば、全ては良い方に変わって行くと思います。なにしろ、**日本人英会話学習者は多分皆、英語のネイティブスピーカーを英会話の神様のように思っているようで、彼らの言うことならたいがい従うでしょうから。**

　そのようになさって来なかったネイティブスピーカーの先生方が、日本人英会話学習者に良識のないやり方で話しかけられたり、良識のない会話の相手をさせられたりしても、それは**自業自得**だろうということです。以上が、**(注6)** の解説です。

　さて、次はいよいよ私が最も良いと確信する、そして、私が実際に**時々している「街での見知らぬ外国人への話しかけ方」**です。が、これほど簡単な方法はありません。すなわち、それは

> 微笑みながら日本語で話しかけ、必要な時しか英語句（や英文）を言わない。

というものです。どうですか？　簡単でしょう。
　がしかし、問題はどんなことを話題にして言うかですが、話題にして最も良いのは、本章「第Ⅲ章-3」の最後の【注】でも触れたように「**見**

知らぬ外国人に話しかける正にその時の身の回りの具体的なものごと」だと私は思っています。なぜでしょう。なぜなら、**それらはプライバシーにも触れないし、人々や物事の一般的な決めつけにもならないし、英語発想順にもかなうからです。**

　まずは、駅のプラットホームで話しかけたのなら、そのプラットホームについて。電車の中なら、日本の電車一般ではなくその電車について。バスの中なら、日本のバス一般ではなくそのバスについて。街路上なら、日本の街路一般ではなくてその街路について。交差点ならその交差点について。コンビニ内ならそのコンビニについて。書店内ならその書店について。もちろん、その日の（その時の）天候も良い話題です。

　これらの具体的話しかけ方は、次回に対話形式にしてその一例を詳しく解説します。後はその例に倣えばよいだけですから。

Ⅲ-6 その場(にあるもの)の感想を話題にしよう

　さて、今回は**私が最も良いとする**「**見知らぬ外国人への話しかけ方**」**の実践会話例**です。
　が、それは**外国人に近づいて行くところから始まります**。その間その外国人がこちらを見ていようと見ていまいと、目線が最も合いやすい姿勢で(つまり、真っ直ぐその外国人の顔や頭を見ながら)近づくことが肝心です。
　そして、目線が合ったら微笑むのです。この時相手が微笑まず、恐い顔をして顔をそむけたりしても、「**こんにちは！**」または「**おはよう(ございます)！**」等をその人に向かってきちんと言って、悠然とその場を通り過ぎたり、去ったりしましょう。そうすれば、人格において皆さんの方が上になりますから。
　多分その人は前々回にお話した、マナーを欠いた日本人英会話学習者のひどい被害者で、街で話しかける日本人一般に強い偏見を持っていますが、日本語で話しかけたら、喜んで相手をしてくれるかもしれません。
　目線が合って相手も微笑んでくれたら、充分近づいて、目線が合わなかったら、その人の横に立って、「**(こんにちは。)この 〜 気に入りましたか？**」
　と落ち着いて**はっきりと言う**のです。もちろん、この「〜」には前回お話した今いる「プラットホーム」や「駅」や「電車」等を入れてです。
　そうすると、もし、相手が日本語で「はい、とても気に入っているんです。〜ですからね。」などと言ってきたら、その人は日本語を話せ、後は日本語での会話となるので、しばらく話し合ったら、相手をしてくれたことに感謝しその場を離れましょう。

そしてもし相手が、"Eh, (Huh?) what?"〔えっ？何ですって？〕などと、英語で応答したら、もう一度「このプラットホーム気に入りましたか。」と日本語で尋ねるか、あるいは英語で **"Do you like this platform (/ track) ?"** 〔このプラットホーム気に入りましたか？〕と、落ち着いてはっきりと言うのです。
　その後は本書の本文や本章の１と２で解説した方法を用いて、すこし会話をし、適当な時にいとまごいをすれば良いだけです。

皆さん　：（日本語で）**こんにちは。**
外国人　：Eh, me?〔えっ、私？〕/ Ha, what?〔えっ、何ですって？〕
皆さん　：**このプラットホーム気に入りましたか。**
外国人　：Sorry, (but) I don't understand (/ speak) Japanese.〔ごめん（なさい）、日本語はわかり（/話せ）ません。〕
皆さん　：**そうですね（/えーっと）...Do you like this platform?** (注)
外国人　：(Well,) Yes, I like it very much because it's paved so beautifully.〔(そうですね、) はい、とても気に入っています。見事に is paved なので。〕
皆さん　：**'Paved?' Sorry?**〔「ペイブ」ですって？　ごめんなさい（理解できません）。〕/ **'Paved?' What does it mean?**〔「ペイブ」ですって？　それはどういう意味ですか？〕

　ところで、初級レベル以上の方は、上記 **(注)** の箇所は、**"How do you like this platform?"** のように、**"How do you like 〜 ?"** の文型で言ってみましょう。ちなみにその直訳は「あなたは〜をどのように好むか？」で、その意訳は「〜はいかがですか？」や「〜は気に入られましたか？　それとも...」というような意味です。
　ところで、この質問はプライバシーにかかわらない具体的な物事に関

してなら気軽に尋ねて良い、ほとんど決まり文句になっているものですから、安心して使ってみて下さい。

　が、"Do you like Japan?" や、"Do you like Japanese (〜)?" あるいは、"How do you like Japan?" や、"How do you like Japanese (〜)?" 等の**一般的なものごとについての感想や意見を求めることは避けましょう。**

　その理由は、(今問題にしている一般的なコメントですが、) 英語のネイティブスピーカー達は、人々やものごとの全体的な決め付けをを嫌うからです。そのような感想や意見の交換は相手と親しくなったり、本番の英会話でどんなことを言うとまずいかが少しは分かり、まずいことを言った場合の対処法が身に付いた中・上級レベルになってからすることにしましょう。入門や初級レベルでは特に「(相手や自分の) プライバシー」にかかわることや、(これも一般的なコメントにはなりますが、)「国や民族や人種やある地域やそこに住む人々一般」に関する意見や感想は言うことも尋ねることも避けた方が、相手の感情を害さずよいでしょう。

Ⅲ-7 悪質外人に気をつけよう

さて、本書の「見知らぬ外国人への話しかけ方」は今回が最後です。
　が、この方法というか、この問題に関してもっと知りたい方は**拙著『英会話革命―こうすればすぐ話せる』**(大修館書店、1996) の54ページにわたる**第6章『外国人に対する話しかけ方・別れ方』**の中で詳しく解説しましたのでそちらをご覧頂ければ幸いです。
　ちなみにその章は、
　1. 実際に英語で会話をする機会とその最初の言葉のやりとり
　2. 見知らぬ外国人に話しかけよう
　3. 良識
　4. May I speak English with you?
　5. 見知らぬ外国人に対する話しかけ方Ⅰ
　6. 見知らぬ外国人に対する話しかけ方Ⅱ
　7. 見知らぬ外国人に対する話しかけ方Ⅲ
　8. 本物の英会話が生じ得る他の場合について
　9. 百の会話表現の暗記よりも1回の本物の英会話の実践と反省
の9つの節から成っています。

　ところで、本項を終える前に2, 3ぜひお話しておかねばならないことがあります。
　その1つ目は、私達が「**悪質外人**」と呼ぶ、悪い意図を持った外国人や良くない意図を持つようになりそうな外国人に話しかけないようにすることです。
　とはいっても、見知らぬ外国人の姿を見ただけではその人が、「良質

外国人」か「悪質外人」か分かりませんね。ということは、**街で見知らぬ外国人に話しかけることは、常に悪質外人と係わり合いになる危険性が少しはある**ということです。

　これを恐れる人は、街で行きずりの外国人に話しかけるのは止めましょう。

　ただそれは、特殊な場合を除いて、私達日本人が行きずりの日本人に話しかけるのと同様ですから、このことから良し悪しを判断して話しかけたら良いと思います。

　特に異性に話しかける場合が問題です。日本で日本人女性が道を尋ねるとき、近くに日本人女性がいない場合、見知らぬ日本人男性に尋ねるのもよいでしょう。

　同様に、日本人女性が近くに外国人女性がいないので、外国人男性に1分だけもらって英単語1つの意味を尋ねるだけならよいでしょう。

　しかし、日本人女性が見知らぬ日本人男性に近づいていって、「今日は良い天気ですね。」とか、「この駅いかがですか？ 気に入ってますか？」などと言ったらどうでしょう？

　とにかく**この問題は微妙ですから、街で見知らぬ外国人に話しかけるのなら、夫婦か恋人連れか、同性のまじめそうな外国人にしましょう。**

　そうして、たとえ相手が行きずりの見知らぬ外国人であっても、エチケットとやマナーはきちんと守ってもらいましょう。皆さんもそう（しようと）する代わりに。もし相手がそう（しようと）しなかったら、怒った顔や抑揚で "Thank you(, anyway)!"〔どうもありがとうございました！〕と言って、その場を毅然とした態度で去りましょう。

　さて、本項を終えるにあたっての2つ目の話に入ります。それは今上で言ったエチケットやマナー遵守の問題です。**私達、英語を外国語として学ぶ日本人が外国人と本番の英会話をする場合の、最も多く最も大きなエチケット違反は**、今まで何度も触れてきたことですが、「**相手の言ったことの無視**」です。まずこの問題を解決しなければなりません。

　本番の英会話にあっては、相手の私達に対する発言に即（2秒以内

に）、きちんと応答しないのは相手の発言の無視であり、エチケット違反だと思うことにしましょう。

　この無視を一切無くし、相手の発言に対しすべて即、適切な応答するためにはどうしたらよいのでしょう。

　その具体的な方法は本書で詳しく解説してきましたので、あえてここでは触れません。が、次のように申し上げれば、皆さんに**意識改革**（あるいは**意識革命**）が起こり、**この問題は近いうちに解決できるのではないか**と思います。

　すなわち、これは私にとっては事実ですが、「**本番の英会話は相手の外国人や周りの人々に対する英語のパフォーマンス（公演、演技）の場ではなく、相手の外国人にその発言に関し尋ね学ぶ（つまり、「学問」ならず、相手を先生とする「問学」の）場だということ**」をよく理解し、あるいはさとり、あるいは信じ、**この意識を習慣化していくこと**です。

　そしてこれが最後の３つ目ですが、本番では、最初の方で次のように言っておけばなお安心でしょう。"If (I'm) impolite, (please) tell me."「イフ（アイム）インポライ（ト）、（プリーズ）テルミー」〔もし、失礼なところがあったら言って下さい〕と。(入門者の皆さんは、**気持ちを込めて**、"Impolite...Tell me." だけでよい。)

第Ⅳ章 上級バイリンガルに向かって

Ⅳ-1 初級レベルの本番英会話例

　さて、初心者の皆さんの本番の英会話法はここまでお話してきたとおりです。相手が顔見知りや知り合いの外国人であれ、見知らぬ外国人であれ、また、その話がどのような内容のものであれ、どう展開していこうと、**何も恐れることはありません。**

　以上解説した方法で、日本語の話せない外国人と気楽にゲーム感覚で1回でも多く実際に英会話をしてみてくださいね。とても本番の英会話が楽しくなりますよ。

　そして、これに慣れれば、本番の英会話中は「日英・英日脳」や「受験脳」は働かず、ごく初歩的な「英語脳」ですが、これが働くようになります。つまり、本番の英会話時に、私達の左脳の言語野を中心に全脳に「英英」の脳神経回路網が生まれます。そしてそれが条件付けられていき、英語脳が形成されていくのです。

　ところでここからの4回は、次回の「英単文の作り方（概要）」を挟んで、例の「象嵌出展の話」が初級や中上級レベルの英会話ではどんな展開になるかを、参考のために示しておきたいと思います。

　まず、**初級レベルの場合**ですが、それは**英語発想順に発想した内容を主として単文で表現していき、大体次のようになる**でしょう。

Dick：What's up?
初級の皆さん：Well,...let's see... you know, I'm very happy (now).
Dick：Why (are you happy)?
皆さん：Well, (because) my box is seen by many people, you

see?
〔そう（です）ねえ、私の箱がたくさんの人々に（よって）見られるから（です）。〕
【（またはBecause）many people see my box, you see?
〔大勢の人々が私の箱を見（てくれ）るから（です）。〕
／(Because) I[: we] can see my box on the seventh floor of HID department store.)〔HID百貨店の7階で私の箱を見ることができるから（です）。〕】

Dick：You mean, your box is displayed at an exhibishon?
〔おっしゃっているのは、あなたの箱が美術展で展示されているってことですか？〕
皆さん：Yes, my box is displayed at an exhibition.
Dick：Good.
皆さん：You know, first time.
Dick：Oh, for the first time.〔えっ、はじめてですか。〕
　　　No wonder, you're happy.〔どおりで、うれしいはずです。〕
皆さん：Thanks.
Dick：So you made the box.
皆さん：No, I didn't. But I gave 'zougan' to it, you see?
〔いいえ、そう（したの）ではありません。が、私はそれに「象嵌」を施した（＝与えた）のです。〕
Dick：Zougan??
皆さん：Yes, 'ZOUGAN'.
Dick：What's that?
皆さん：(You know,) It's something beautiful.
〔（あの（ーです）ね、）それは美しいあるものです。〕
I cut flower designs and put silver in on the … (ジェスチャーをして) 表面.
〔（私は）その '(by gesture⇒) 表面' に花のデザインを切り込んで、そして銀を入れた（のです）。〕

Dick：Ah, on the surface.〔ああ、その表面に。〕
I think you mean, 'inlaid work'.
〔(あなたは)「インレイド・ワーク」のことを意味している (＝おっしゃっている) と (私は) 思います。〕
Isn't that wonderful?〔それはすばらしいではありませんか。〕

皆さん：'Inlaid work'?

Dick：Yes, 'inlaid work'.
By the way, what box is that?〔ところで、それは何の箱ですか？〕

皆さん：You know, it's for...rings, earrings, necklaces, etc.
〔あの（ーです）ね、それは指輪やイヤリングやネックレスのため (のもの) ものです。〕

Dick：So your work is 'an inlaid jewelry box'.
〔それでは、あなたの作品は「象嵌の宝石箱」ですね。〕

皆さん：An inlaid jew-el-ry box?

Dick：Yes, very good.
So you're learning inlaying now, aren't you?
〔それでは、あなたは今インレイイングを習っているんですね。〕

皆さん：'Inlaying'? What's that?

Dick：(I mean) 'Zougan'.

皆さん：Yes, I'm learning 'inlaying' now.

Dick：Very good.
How long (have you been learning it) ?
〔どれくらい長い間 (それを習っているの) ですか)？〕

皆さん：About five years.

Dick：Oh, about five years. Where?
〔えっ、約5年間も。どこで？〕

皆さん：At SAMY Culture Center in Osaka.
〔大阪の (なかにある) サミー・カルチャーセンターで (す)。〕

第Ⅳ章　上級バイリンガルに向かって

Ⅳ-2　英単文の作り方：統語原理２

　今回は、初級レベルの方々のための**「英単文の作り方」**の概要でしたね。それは「第Ⅱ章-8：本物の現代英文法の統語原理１」(p71) で予告したもので、以下のとおりです。

『本物の現代英文法』の統語原理２

　「英単文」とは「ただ１組の【主語と述語（＝動詞）】からなる正式な英語の文」のことです。
　正式な英（単）文を作る時の最も重要なことは、
　１．正式な英（単）文を作る能力を持っているのは、（日本語の「ある、する」にあたる）【動詞】だけであることと、
　２．【動詞】は、正式な英（単）文を作るために、その前に「前置き」、「wh-語句」、「疑問化」と「主語」の位置（／部屋）をこの順に持ち、その後ろに「相手（目的）語」や「補語」と「副え」の位置をこの順に持っているということです。
　すなわち、[前置き] [wh-語句] [疑問化（か）] [主語（は）]【動詞（ある，する）】[相手語（を，に）] [補語（で，と）] [副え] の順です。（倒置構文以外、複文重文混文を含め全ての英文はこの順です。）
　３．ちなみに、**入門レベルの人達はこれらを表す語句をこの順に１つずつ、あるいは２つ３つずつ相手に向かってきちんと言って、相手と会話しながら言いたいことを伝えていけば良いだけ**でした。初級や中上級の人であっても、困った時はそうすればよいだけです。

141

4．ところで最初は**[前置き]**ですが、この位置（:部屋）には、これから言うこと（＝以下の文）に関して、通常、特に前もって言っておきたい「**副え（多くは[時]や[条件]あるいは[譲歩]）の1つ**」が入ります。例えば、**This morning (,)**〔（以下のことは）今朝（のことですが、）〕**[＝前置き（時）]** I saw you near Hankyu Department Store.〔（私は）阪急百貨店の近くであなたを見かけましたよ。〕のように。(ちなみに、I [＝主語] saw [＝動詞] you [＝相手語] near Hankyu Department Store [＝副え（場所）]．)

5．さて、あらゆる（正式な）英文は、**次の[Wh-語句][疑問化][主語]【動詞】の位置の使い方**（使うか使わないか）によって、相手のためにその英文が、

 a.（内容を答えて欲しい）疑問詞疑問文なのか、

 b.（共感したり、喜んだりして欲しい）感嘆文なのか、

 c. Yes; No で答えてもらいたい疑問文なのか、

 d.（否定や肯定の広義の事実を表す）平叙文なのか、それとも、

 e.（命令や依頼や禁止を表す）広義の命令文なのかをまず伝えようとします。

以上のことをごく簡単な英文例をもって示しておきますと、次のようになります。

a.（内容を答えて欲しい）疑問詞疑問文：**[Wh-語句][疑問化][主語]【動詞】〜？**

What did you do in Umeda then?〔その時、（あなたは）梅田で何をしたの（ですか）？〕(I did some shopping at the department store. And I bought this neck-lace.〔（その）百貨店でちょっと買い物をして、このネックレスを買ったの。〕)

b. 感嘆文：**[Wh-語句][主語]【動詞】〜！**

How beautiful (it is)!〔（それは）何て美しいの（でしょう）！〕または、What a beautiful necklace (it is)!〔（それは）何と（いう）美しいネックレスなの（でしょう）！〕(Oh, you like it too. Thanks.〔あら、

あなたも気に入ってくれたの。ありがとう。〕）

c. **Yes; No で答えてもらいたい疑問文：[疑問化] [主語]【動詞】〜？**
Will you show it to my sister over there, too?〔(あなたは) あそこにいる私の妹にもそれを見せてくれる (気持ちある) ？〕(Yes, of course.〔ええ、もちろんよ。〕)

d. **(肯定や否定の広義の事実を表す) 平叙文：[主語]【動詞】〜.**
She does't like earrings very much. (But) she loves necklaces.〔(彼女は) イヤリングはあまり好きじゃない (です)。けど、ネックレスは大好きなの (です)。〕

e. **(命令や依頼や禁止を表す) 広義の命令文：【動詞】〜.**
(Please) Come with me.〔(どうか、私と) 一緒に来て (ください)。〕(Sure.〔もちろん、いいわよ〕)

・・・・・・・・・・・・・・・・・・・・・・・・・・・・・・・・・・・・・

ところで、以上の「〜」は「**第Ⅱ章-8：本物の現代英文法の統語原理1**」で解説しました**平叙文の ([動詞] 以下の) 語順と同様**です。

Ⅳ-3 中級レベルの本番英会話例Ⅰ

　今回は、英会話の**中級レベル**の人が、日本語の全く分からない英語の母語話者に、本番の英会話で、
　『**SAMYカルチャーセンター**で**5年間象嵌を習っていて、作った作品**が**初めて入選**し、**美術展**に**出展**してもらえて、**とてもうれしい**。』ということを伝える場合の2つの会話例の1つ目です。
　これを伝える時に**決定的に重要な英語発想順**は、質問の「何か新しい（＝変わった）ことある？（Anything new?; What's new?; What's up? 等）」に対して、
　『**その答え自体**（とてもうれしい）→**直接関係する物事**（出展、美術展、入選、初めて）→**間接的な物事**（作品、作った、習う、象嵌、5年間）→**無関係なもの**（SAMYカルチャーセンター）』
でした。
　中級レベルの方々は、これくらいの長さの話は複文も（混文も）用いて、数個の英文を続けて発話することによって、一気にきちんと伝えていけるようになることが肝心でした。
　とは言っても、その途中に相手から何か発言があれば、それに応答しながらでした。
　また、この場合、2秒以内に話を始め、話しながら大体上に示した順に発想していき、そうしながらそれをきちんとした英文の発話にしていかねばなりません。
　下の会話例のように。
　ただし、次のことに特に注意してください。
　1．これらの英文の成り立ち（統語法）は基本単文【※注】に、英語発

想順に並べた内容語句や文を以下のような仲介語でくっつけて
いっただけのものであること。
  a）名詞（類）は at, on, of, to, in 等の前置詞で、
  b）(原形) 動詞（類）は to, -ing, -en（⇒次回に簡単に解説）で、
  c）(平叙) 文は because, though, where 等の従属接続詞や、二役
    のつなぎである who, which, that, where 等の関係詞で。
2．「不要」の表示を付けたものは文脈より分かるからであること。
3．これらの英文は「和文英訳」したものでも、「英借文」して語句を
  入れ替えたものでもなく、頭に描いたイメージ（や思考）の流れ
  を（まずいところがあってもよいから）「英語で表現」していった
  ものであること。
4．(〜) は直前の解説。[; 〜] は直前の言い換え。

中級レベルの本番英会話例 I

Dick：Anything new?
中級の皆さん：Yes. I'm very happy now because（従属接続詞「か
  ら；ので」）my jewelry box (my work より具体的で良い) is
  shown at an (art:不要) exhibition for the first time (after a
  selection from among many:不要).
Dick：Oh, isn't that great[: fantastic]! Where is the exhibition?
皆さん：It's on the 7 th floor of HID Department Store. You know,
  I gave 'zougan' to the box of mine in the class (where（関
  係詞「ところの」）I learn it:不要/where I've been learning
  it around 5 years: 新情報が入っているので良) at SAMY
  Culture Center in Osaka.
Dick：'Zougan'? What's that?
皆さん：Please guess. It's something beautiful on the surface.
Dick：Um, you gave something beautiful to the surface of your

jewelry box...mm...Maybe it's 'inlaying' or 'inlaid work'. Is that right?

皆さん：I'm not sure. What's that?（不確かな時は以上のように言おう）

Dick：Didn't you（以下ジェスチャーをしながら、）engrave the surface of your box and lay gold or silver, ...or ivory or shell etc. in it?

皆さん：Yes, I did. I put silver in (it), though I wanted to put gold in.

Dick：Then, it's 'inlay (-ing)' or 'inlaid work', for which（「そしてそ（れのため）の」）the Japanese, I think, is 'zougan'.

皆さん：Thanks.

・・・・・・・・・・・・・・・・・・・・・・・・・・・・・・・・・・

　このように。いかがですか、お分かりでしょうか？
　入門レベルから初級レベルへ、それからこの中級レベルへとのつながりが、つまり、正しくしっかりとした基礎（土台）の上に、きちんとした発展があり、正しくしっかりとした基礎がなければ、きちんとした発展のないことがお分かり頂ければ幸いです。

【注】ここで言う「基本単文」とは、Aiko cleaned the room quickly.〔明男はすばやくその部屋をそうじした。〕のような述語（動詞）を中心として、それに直接全体的に関係する主語（名詞）や相手語（名詞）や補語（名詞または形容詞）、それから簡単な副詞（:単語）のみから成る文のことです。

第Ⅳ章　上級バイリンガルに向かって

Ⅳ-4　中級レベルの本番英会話例 II

　今回は、英会話の**中級レベル**の人が、日本語の全く分からない英語の母語話者に、本番の英会話で『SAMYカルチャーセンターで**5年間象嵌**を**習**っていて、**作った作品**が**初めて入選**し、**美術展**に**出展**してもらえて、とても**うれしい**。』ということを伝える場合の2つ目の会話例です。
　ここでも、前回同様、次のことに注意してください。(**原形動詞のつなぎ to, -ing, -en の最低限の解説を含む。**)

1. これらの英文の成り立ち（統語法）は基本単文に、英語発想順に並べた内容語句や文を必要な仲介語でくっ付けていっただけのものであること。
   a) 名詞（類）は at, on, of, to, in 等の前置詞で、
   b)（原形）動詞（類）は to, -ing, -en (; -ed や特殊形の場合あり) で。

原型動詞のつなぎ to, -ing, -en の要点

● to：こと、べきこと（以上，動詞（類）を名詞化）／べき、ことになっている（以上，同，形容詞化）／ために（は）、（形容詞の直後で）て（以上，同副詞化）。
● -ing：（た）こと、（前にthe 等が付いて）(た) もの（以上，同名詞化）／ている（途中の）(同形容詞化)／て（いて）等（同副詞化）。
● -en (-ed や特殊形の場合あり)：（前に have を伴って）たこと、た結果（以上，同名詞化）／（前に have を伴わず）れた、れ（てい）る（以上，同形容詞化）／（前に have を伴わず）れ（て）等（同副詞化）。

147

c)（平叙）文は because, though, where 等の従属接続詞や、二役のつなぎである who, which, that, where 等の関係詞で。
2．「不要」の表示を付けたものは文脈より分かるから要らないこと。
3．これらの英文は「和文英訳」したものでも、「英借文」して語句を入れ替えたものでもなく、頭に描いたイメージまたは思考の流れを（まずいところがあってもよいから）「英語で表現」していったものであること。
4．（〜）は直前の解説。[: 〜] は直前の言い換え。

中級レベルの本番英会話例 II

Dick：What's up?
中級の皆さん：Well,...let's see... you know, I'm very happy now, because my 'Zougan' jewelry box is exhibited (at an art exhibition:不要) on the 7th floor of HID Department Store in Umeda in Osaka.
Dick：'Zougan'? What's that?
皆さん：Well, It's something beautiful because I cut[: engraved] flower designs[: patterns] and put silver in on the surface of the box.
Dick: I think you mean, 'inlaid work'. Isn't that wonderful?
皆さん：'Inlaid work'?
Dick：Yes, 'inlaid work'. So you're learning inlaying now, aren't you?
皆さん：'Inlaying'? What's that?
Dick：(I mean) 'Zougan'.
皆さん：Yes, I'm learning 'inlaying' now, which I've been learning about 5 years at SAMY Culture Center in Osaka and this is

（または was) the first time my work has been (または was) selected[: chosen] for the exhibition.

Dick：No wonder, you're happy. Congratulations!

・・

のように。

　ちなみに、「前置詞」と呼ばれる in, at, on 等が「名詞のつなぎ」であるように、私達が「(動詞)のつなぎ」と呼ぶ to, -ing, -en を、例えば原形動詞 eat と共に用いた to eat; eating; eaten をそれぞれ、**不定詞；動名詞、現在分詞；過去分詞などと呼んで英語を学習していては、英語や英会話のマスターはおぼつきません。**

　「動名詞」は良いとしても、ギリシヤ語文法やラテン(語)文法から来た**「不定詞」や「現在分詞」や「過去分詞」は現代英語の学習には極めて不適切な文法(概念)用語なので、これらでまじめに英語を勉強していては(ますます訳が分からなくなり、)いけません。**

　要は、to eat は「食べる-こと、食べる-べきこと；食べる-べき、食べる-ことになっている；食べる-て＝食べて」等のどの意味にでも使えるということだけが重要なのです。

　eat-ing や eat-en についても同様です。

　ちなみに、会話例の最後から３行目の 'has been selected' は、'has [(を)(現在事実)持っている] be-en [ある-た結果] select-ed [選ぶ-れて]' と分析し「選ばれてあった結果を(今実際に)持っている」という直訳から、「(私の作品が)(今本当に)入選した(状態にある)のよ」というような意味だと分かればよいだけです。

Ⅳ-5　上級レベルの本番英会話例

　今回は、英会話の**上級レベルの人**が、日本語の全く分からない英語の母語話者に、本番の英会話で『**SAMYカルチャーセンター**で**5年間象嵌**を**習っていて**、**作った作品**が**初めて入選**し、**美術展**に**出展**してもらえて、とても**うれしい**。』ということを伝える場合です。
　これを伝える時に**決定的に重要な英語発想順**は、『**その答え自体**（うれしい）→**直接関係する物事**（出展、美術展、入選、初めて）→**間接的な物事**（作品、作った、習う、象嵌、5年間）→**無関係なもの**（SAMYカルチャーセンター）』でしたね。
　上級レベルの方々は、これくらいの長さの話は複文も混文も用いて、2,3の英文を続けて発話することによって、一気にきちんと伝えられるようになることが肝心でした。
　と言っても、その途中に相手から何か発言があれば、それに応答しながらでした。
　また、この場合、**2秒以内に話を始め**、発話しながら大体上に示した順に発想し、そうしていきながらそれらをきちんとした英文の発言にしていかねばなりません。
　以下のように。ただし、次のことに注意してください。
　1．これらの英文の成り立ち（統語法）は基本単文に英語発想順に並べた内容語句や文を必要な仲介語（前置詞や to, -ing, -en や従属接続詞や関係詞）でくっつけただけのものであること。
　2．「不要」の表示を付けたものは文脈より分かるからであること。
　3．これらの英文は和文英訳したものでなく、頭に描いたイメージや考えの流れを（まずいところがあってもよい）英語で表現したも

のであること。

上級レベルの本番英会話例

Dick：Anything new?

上級の皆さん：Yes. I'm very happy now because my jewelry box to which I have given silver inlay is displayed at an (art：不要) exhi-bition on the 7 th floor of HID Department Store.

〔ええ、私の象嵌の（を施した）宝石箱が、HID百貨店の7階でしている美術展に展示されて（いるので）、とてもうれしいの（です）。〕

Dick：Oh, isn't that fantastic!

〔それは素晴らしいではありませんか。〕

皆さん：You know, this is the first time my work has been selected (:chosen) for the exhibition since I started to lean inlaying (around) 5 years ago at SAMY culture center in Osaka.

〔あの（ーです）ね。大阪のサミー・カルチャーセンターで5年間象嵌を習ってきたけ（れ）ど、私の象嵌の作品が展示会に入選したのは今回が初めてなの（です）。〕

Dick：No wonder, you're happy. Congratulations!

〔どうりで、（貴女は）うれしいはず（です）。おめでとう。〕

いかがですか。私達が唱える「**バイリンガル脳による英会話法**」により、上級レベルに達してしばらくすれば、上記のような英文は即座に作れるようになるということです。

ところで、この「バイリンガル脳による英会話法」を私達は特に「**ヒューコム・ＢＡ法**」と呼んでいます。「ヒューコム」(HuCom) は

Human Communication［人間らしい意思伝達］からの私の造語です。「ＢＡ」はバイリンガル・アプローチ［Bilingual Approach（接近法／方法）］の英語の頭文字です。

　さて皆さん、上の会話例の「皆さん」に当たる英語の発言だけを、今私が非常にゆっくり発話してみましたが、それを終えるのに30秒もかかりません。

　このことは、皆さんがこの、私達が「ヒューコム・ＢＡ法」と呼ぶ方法で英会話を学習され上級レベルに達すれば、上記のような英文は話題が決まったら即、つまり２秒以内に作り始め音声として発することができ、30秒以内に言い終われるということでしょう。

　書く場合、速い人なら2,3分で書け、遅い人でも５分とかからないでしょう。私は今、ミシガン州立大学の大学院で、50分で10題答えなければならなかった文章形式の筆記試験を思い出しています。

　ちなみに、私事で恐縮ですが、もう一度言わせて頂きます。同大学院修士課程での私の成績は12科目中10科目が優［4.0］で、２科目が良＋［3.5］、GPAが3.9でした。これは、私とインド人紳士以外全て米国人学生であった同課程で、私はほとんどいつも上位10％内にいたということですが、こんなことは皆さんにも十分可能だということを。

　この「ヒューコム・ＢＡ法」によれば、私の場合よりも３倍も５倍も速く。

Ⅳ-6 まずは基礎的バイリンガルに

　さて、**本書「天の巻・信心編」は英語英会話の初心者、それも主として入門レベルの方々のために書いているの**ですが、その中で私はしばしば初級のみならず、中上級の英語英会話力のあり方にも触れてきました。
　これは真の英会話力や英語力というものは、全くゼロからそのマスターまでいくつかの段階はあっても、**より高い段階はより低い段階をベースにした、連続した一枚岩**であることを分かってもらいたかったからです。
　つまり、その重要点は、主として全身全霊全脳的活動から左脳の言語野を主（中心）とする 聞きとりや話し方、読み方や書き方に移って行くけれども、入門レベルの技能あっての初級レベルであり、初級レベルの能力あっての中上級レベルだということです。
　が、しかし逆に、**正しい入門レベルの技能があれば初級レベルは簡単だし、正しい初級レベルの能力があれば、中上級レベルは簡単**だとも言えます。
　すなわち、いわば「母語獲得の幼児期」にあたる、「私達大人用の入門レベルの英会話（法）習得時」にこれを正しくマスターすれば、「同小学生低学年期」に当たる「私達の初級レベルの英語英会話（力）習得時」にこれが正しく自然に、しかも楽しくマスターでき、これをマスターすれば、私達の中上級レベルの英語英会話力も楽に速く習得できるということです。
　以上のことを、入門レベルの皆さんにも知ってもらいたいから、少々難しいところもあったかもしれないけれど、機会あるごとに本書の初級や中上級レベルにも触れてきたのです。

がしかし、初心者の皆さんの中には何もそこまで、つまり、**私達が上級バイリンガル（advanced bilingual）と呼ぶものや、それに近いものにならなくても、英会話さえ何とか上手くでき、後は日本の公教育の中学レベルの英語を正しく自由に読み書きできるようにさえなったら、それで良いという方も多いでしょう。**

　それはそれで、**この方法（HuCom Bilingual Approach）で初級レベルまで終えられ、私達が初級バイリンガル（basic bilingual）と呼ぶものになられたら、私達の多くの生徒さん達と同様、真に国際的でグローバルな素晴らしい世界が開けます。**

　私達のこの方法（HuCom BA）で初級レベルを終えられた方達はもちろん、入門レベルを終えられただけの方々や、初級レベルの途中の方々も、日本語の分からない外国人を何度も助けて感謝されたり、日本に住む外国人と見事に英会話をして友達になったりされています。また、英会話のネイティブスピーカーの先生と会話していて、「あなたは、私のどの生徒よりも英会話が上手で、レッスン時に何を教えたら良いかをあなたから学ぶ」とまで言われたり。中には、外国人のホームステイの受け入れ家族になって、やりがいのある新しい世界が拓けた方もいます。さらにはまた、海外に行っては、その土地の人々と気楽に会話をし、親しくなり、そちらで土地の人と上手くコミュニケートできない日本人を事あるごとに助け、帰りは、みやげ物売り場には売っていないおみやげをたくさん持って帰ってくる人もいます。

　このような例は挙げればきりがないので、この辺で止めます。

　が、とにかく**私達のヒューコム・バイリンガル・アプローチで英会話を学習すれば、習得した技能が初級レベルのものであればそれに越したことはないけれど、たとえそれが入門レベルのものであっても、楽しく素晴らしい国際的、あるいは異文化的世界が皆さんの目の前に拓ける**ということです。

　しかしながら、**皆さんの中には**見知らぬ外国人にどうしても話しかけたり、英会話のフリートーキングのクラスや英会話喫茶で、"Sorry?"や

"Pardon (me)?" や "Please guess." を言ったり、英語の語句1つずつで意思伝達して行ったりなど**できそうにない方々**もいらっしゃるでしょう。
　そのような方々はこの後、**私事で恐縮ですが、私がどのようにして当時私と同年齢ぐらいの二世のアメリカ人女性に「あなたは（日英の）バイリンガルだ」と言ってもらえるようになったのか、という話に気楽にお付き合い頂ければ幸い**です。そうすれば、以上の方法によれば、私の場合よりいかに簡単に日英バイリンガルになれるか、よく分かり、この方法に挑戦してみる気になられるかもしれません。
　いずれにせよ、その次は「本物の現代英文法」のマスターを目指して下さい。本番の英会話をしながら中上級のバイリンガリズムを目指す人達も、本番の英会話抜きで中上級バイリンガリズムを目指す方々も。

第Ⅴ章 いかにして上級バイリンガルに成り得たか

V-1 3〜5年で上級バイリンガルに

　ここからは、私事中心になりますが、数回にわたって私がどのような経緯で、本書で紹介している英語英会話のマスター法「ヒューコム・バイリンガル・アプローチ (HuCom Bilingual approach)」の開発に至ったのかを簡単にお話したいと思います。

　その詳しいことは、できるだけ多くの皆さんにこの方法をより深くご理解頂き、できるだけ速く私達が「上級バイリンガル」と呼ぶ英語の達人になって頂きたいから、本書の中級編か、あるいは上級編でお話しすることになると思います。

　さて、私がミシガン州立大学の大学院で異文化コミュニケーションを勉強するために渡米したのは1973年の7月で、今から42年も前のことです。

　当時、私の友達が International Language Service Inc. という観光プラス欧米の短期英語留学プログラムを企画運営する旅行会社を経営していました。そして、私がミシガンに行く前に、そのカリフォルニアでの1プログラムを途中から手伝うことになったのです。

　私が同プログラムに合流したのはその観光が終わり、10人足らずの生徒さん達が昼間はカリフォルニア州立大学フレズノ校で英語の授業を受け、夜間はホームステイするその少し前でした。すると幸運なことに、同プログラムを成功させるためアシスタントとして雇われた私にも、ホームステイ先があったのです。すでに参加されていた阪神間のある大学の英文科の教授先生と同様に。

　私のホームステイ先は Kozuki (枯月) という姓の日系のご家族のお宅でした。それで、同家の Betty Kodzuki という二世のお嬢さんが日本製

の赤い真新しい小型車で私を迎えに来てくださったのですが、初めて会ったその夜に、彼女から、

"Kiyoshi, you're a bilingual. And that a perfect one."「あなたはバイリンガルね。それも、完璧な。」
のようなことを言われました。Perfect ではなかったですが、そう言われるとうれしいものでした。

　が、問題はそう言ってもらえるようになるまでに要した時間の長さと苦労の大きさです。私は、中学2年の時から松本亨先生のNHKラジオ英会話を聞き始め、それから旺文社の「百万人の英語」やNHKのテレビ英会話も視聴し始めましたが、そうなるまでに約14年という長い年月を要しました。

　こんなに長い年月がかかったのは、その学習方法が長い間、左脳の言語野のみを使う、それも暗記暗唱法が中心だったからだと今では確信しています。

　全脳を用いる「Human communication（人間的コミュニケーション）法」と、主として左脳の言語野を用いる**「本物の（現代）英文法」**によれば、非常に多くの人がその3分の1の時間で、いや、人によっては5分の1の時間でそうなれるはずです。

Ⅴ-2 英語がペラペラになる

　私がネイティブスピーカーにバイリンガルだと言ってもらえるようになるのに、約14年もの年月を要したのですが、方法によっては3～5年でそうなり得るということをよりよくお分かり頂くために、ご参考として私がどうしてそんなに長時間を要したのか、その有頂天と苦悩の概略をお話したいと思います。

　さて、その話ですが、私が英会話というものに心がすっかり奪われてしまうような、思いもよらぬきっかけがあったのは中学2年生の秋のことです。（そのきっかけについては後の巻で触れたいと思います。）それからというものは修学旅行の数日間を除いて1日も欠かさず、すでに触れたNHKのラジオ英会話を中心に、その他のラジオやテレビの英語や英会話番組を利用させてもらって、私は猛烈にその独習を続けました。

　そうしたら、3年目の高校2年生の秋にはじめてネイティブスピーカーの人と英語で話す機会が、これも偶然やってきたのです。それは、私の高校の文化祭の後片付けの時で、その相手は運動場の真ん中におられた中年の温和なアメリカ人の紳士でした。

　その人に話しかけると、ニコニコして相手になってくださり、そうすると私の口は勝手に動き、流れるように英語が出てきました。そして、ペラペラとはまさにこのことだなと思いました。

　その時、近くにいた生徒達には私が本物のバイリンガルのように思えたのかもしれません。なにぶんそれが、大阪府は南河内の金剛山に近い片田舎、富田林高校での出来事だったこともあり、そのうわさがパッと広がり、隣の高校の女生徒からファンレターまでもらう始末でした。

　が、この時の私をもし「バイリンガル」と呼ぶとしたら、それは「全

く見掛け倒しの」つまり「偽の」バイリンガルでしょう。今考えるに、相手の言うことは一切きちんと聞かず、相互コミュニケーションは全くと言ってよいほど成り立っていなかったのですから。

その紳士は実はキリスト教の牧師さんだったのですが、別れ際には良ければ家に遊びに来るように言われ、その後数年間ほとんど毎週、その方のお宅と教会のバイブルクラスでお世話になることになりました。

そのお宅が私達日本人のために開放される曜日には、その宣教師さんのほかに奥さんやお子さんたちとも、大阪外大の学生さん達よりも英語がペラペラしゃべれたので、**私は有頂天の連続でした。**

私が大学1年生の時だったか、松本道弘氏から一喝を頂くまでは。

ところで、その後私は同氏の弟子の一人になり、氏の「英語道場」立ち上げとその後の活動の協力者の一人として10年余り行動を共にさせてもらったこともあって、同松本道弘氏を先生と呼ばせてもらいます。同氏は今や英語界では超有名な方でいらっしゃるけれど。

話を当時に戻しますが、先生は「ACCの土曜ESS」と呼ばれていた、大阪のアメリカ文化センターでの、主として大学生や社会人を対象とする英語討論会(後の「英語道場」)のチェアマンをしておられ、私はそれに高校3年生の、それも秋ごろから参加させてもらったのです。

そこは京阪神のトップクラスの英語話者がたくさん集まっていたところで、当時の私の英語力ではなかなか発言できませんでした。浪人時代も1年間そこへ通い、その終わりの頃からは時々勇気を出して発言させてもらっていたのですが、大学1年生のある土曜日、いつものとおり手を上げ、立ち上がって発言していると、先生から、

「君の言っていることはさっぱり分からない。時間の無駄だ。座りたまえ。わけの分かった有意義なことを話せるようになるまで発言しないように。」

旨のことを英語で厳しく言われ、非常に恥ずかしい思いをしました。がしかし、今から思えばこれが良かったのです。このことに私は非常に感謝しています。

が、当時、それにもめげずその後もその会に参加し続け得たのは、ただひとえに先生の話される英語の素晴らしさの故であり、それは芸術の極みのように聞こえ、それに一歩でも近づきたかったからです。
　ちなみに、この頃私は高校野球で有名だったＰＬ学園の英語の先生をしておられた、バーナン・スペンサーというハンサムなアメリカ人独身男性とも電車の中で知り合えました。彼とはその後、その年齢差にもかかわらず、長年友達付き合いをしてもらえ、大きな影響を受けましたが、このことについても後の巻で触れたいと思います。

V-3 上級バイリンガルの端くれに？

　その後同土曜ESSの英語討論会では、約1年近く私の沈黙が続くわけですが、この間はどうすれば有意義でわけの分かったことが英語で発言できるようになるかの苦悩と工夫と努力の毎日でした。
　そして、私自身が考案した画期的な方法で英語学習に励み、およそ1年後には、先生にも良しと認められる英語発言者となれたのです。しかしながら、今から思えば、**他にずっと楽で、はるかに合理的な素晴らしい英語学習の道（＝方法）がありました。**
　そして本書は、それを英語や英会話の学習者や教育関係の皆さんに、包み隠さずお話しするためのものです。
　ところで、ここに新たに1つの問題が生じています。それは米国留学当時、曲がりなりにでも私が「上級バイリンガル」と呼んでいる域に客観的に達していたかどうかです。Betty Kodzuki さんの主観だけでなく。
　が、このことを詳しくお話していると非常に長くなるので、これに関係すると思われる事実を次に箇条書きにするだけに止め、その判断は皆さんにおまかせしたいと思います。
　つまり、私が、
1. 大学生時代に、通訳案内業の国家試験と英検1級に合格したこと。
2. 同大学生時代に、松本道弘先生の後を受けて、大阪南YMCA英語学校の研究科の「英語速読法」の授業を約1年半、全て英語で行ったこと。
3. ACCの土曜ESSが「英語道場」となって数年たってからのことですが、先生が東京の方で忙しくなられ、その後を受けて同土曜英語討論会の主たるチェアパーソンになったこと。

4. 1970年の大阪万博が始まる直前、米国CBSニュースのテレビ特別班が同万博の特集番組を制作放映するため2週間ほど来日していたが、彼らのための通訳として10日間ほど働いていた時のこと。開幕の2日前だったか、自動車館の責任者の方のために3人のCBSマンと激論を交わし、彼らの要望が無理であることをを説得したら、「信用できる通訳者は君だけだ、CBSニュースに入って、一緒に特別番組をやらないか。」と言われたこと。

5. ミシガン州立大学（MSU）で私の学業のことやパートの仕事やその他のことで先生方と交渉したり、授業中発言させていただいたりした時、大概私の要望や意見が通ったこと。ある時、私の主任教授の Dr. Bettinghaus とその講義内容に関し議論になり、それが終わると多くの学生が私のところへ来てくれ、"Kiyoshi, you're right." のシャワーを浴びたこと。(ちなみに、その時一瞬ですが、教室の片隅に一人ポツンと立っておられた教授の姿が私のトラウマのようになったので、以後はどの先生とも徹底した議論はしないことにしましたが。)

6. 修士号（MA）をもらった時の私の成績は、12科目中10科目が優（4.0）で、2科目が良＋（3.5）、そしてGPAは3.9で、ほとんどいつもクラスのトップ10％以内にいたこと。(ちなみに iBT-TOEFL も、この米大学の成績算出法を用いているようです。【※注】)

7. 中退はしましたが、博士課程で専攻科の教授（Dr. Opubor）のRA（研究助手）とTA（授業助手）をしていた時、MSUの多数の1年生を相手に、コミュニケーションの基礎コース「COM100」の授業を、もう一人のアメリカ人院生（TA）と受け持ち、もちろん全て英語で授業を行って何の問題もなかったこと。

などです。

【注】同4点満点を5点満点に換算されはしますが。

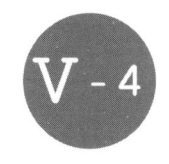

V-4 世界平和と人々の幸せのために

　ところで、私のミシガン州立大学の大学院での学業はいわゆる「苦学」で、働きながらのものでした。が、当時、そのコミュニケーション・カレッジ（学部）の博士課程は、週20時間のRA（研究助手）とTA（教授助手）の仕事をその学業の1部としていて、そこに入れば学業を続けながら、その配偶者と子供1人ならなんとか生活していけるほどの給与を出してくれたのです。

　そこで私は、どうしても博士課程に入りたかったのと、アメリカ人学生に負けたくはなかったので、受ける全科目で 4.0（優）の成績を取ることを目指した訳です。4.0 を取るためには、クラス内で即座のスピーキングによる応答（配点10%）を課す教授もいますが、通常100点満点の中間・期末の2つのテストと小論文の平均において90点以上を取るか、あるいはクラスの学生数の上位10％以内の成績を維持しなければなりません。

　例えば、30人のクラスでは、その科目の成績がトップの3人以内のものでなければなりません。

　私は、4.0の成績が取れた時は「アメリカ人学生に勝った！」と、一人でガッツポーズをして喜び、3.5（良＋）しか取れなかった時は五分五分の引き分けとし、3.0（良）以下しか取れなかった時は敗北と決めて、それに挑戦していったのです。

　そして、前記のような成績を得ていき、その途中で博士課程に入る審査も受け、110人以上の応募者の中から選ばれたのは13〜14人だったと聞いたけれど、幸いにもその1人に入ることができました。

　がしかし、これに前後して日本での母の癌、父の失業、婚約者の背反

等が次から次へと生じ、同課程生として２学期間(：約半年)は頑張ったのですが、渡米してから約２年と３ヶ月で、修士号だけを持って帰国することに決心した次第です。

　この早期の博士課程中退は結果としては、人生万事塞翁が馬で、私の人生にとって非常に良かったのですが、それがなぜ良かったのかは後の巻の１つで、本書の目的を果たす上での必要に応じて、お話させていただきます。

　さて、私がなぜ、私的な米国留学中のことをここで少し詳しく述べたのかと言うと、本書のテーマ「日英バイリンガル脳育成」に関して意見させて頂く私の資格をご理解頂きたいことの他に、**意欲ある皆さんに一人でも多く、英会話だけでなく英語の読み書きもネイティブスピーカーの教養人に近い「上級バイリンガル」**になって頂きたいからです。

　そして、**事情が許せば、一人でも多く英語圏の大学の大学院に留学し、良い成績で卒業され、できれば日本国民の、いや、世界の平和と人々の幸せのために直接、間接、少しでも正しく貢献してもらいたい**ためです。

　アメリカの大学院での、比較的楽でたのしい優(4.0)の取り方については、後巻の１つで、詳しくお話したいと思います。

　また、私がお世話になった、ミシガン州立大学の大学院で「異文化コミュニケーション」を専攻なさりたい方には、申込み先着の、本書「天の巻」理解者５名様だけ、規定の半額で、その方々の同大学大学院への留学と好成績でのご卒業のお手伝いをしたいと思っています。私はもう高齢で、あと何年生きられるか分かりませんが、元気である限り。

(＊お申込みは「ヒューコム・インター」のHPの「お問い合わせ」より。)

第VI章 言語学習の厳しさ

Ⅵ-1 松本道弘先生と英語の家庭教師職

　私が高校3年生の時のことです。河内長野にある、例の宣教師さんのお宅であったのか、富田林教会のバイブルクラスであったのかは忘れましたが、**大手の製薬会社勤務のIさん**と初めてお会いしました。

　その時は本物ではなかったのですが、私の英会話力にひどく感激して下さり、年齢は少し離れていたのですが、同じ富田林市に生まれ育ったという同郷のよしみもあってか、すぐ友人となり、その後、親友のようにお付き合い下さいました。

　ちなみに、**実は彼が松本道弘先生の、後に「英語道場」となったACC（アメリカ文化センター）のESS（英語ディスカッション・クラブ）に、私を紹介して下さったのです**。

　が、今回の話は、彼の私のACCのESSへの紹介と共に、私の人生を決定的に方向付けたと今になって思う、もう一つの出来事についてです。

　それは、彼の甥にあたる高校生の英語の家庭教師を依頼され、それを引き受けたことに端を発したことです。私にも大学受験があり、学業が忙しく一度はお断りしたのですが、それがあまりにも熱心な依頼であり、また、私の方も経済的に少しは楽になるので、引き受けることにしたのです。

　そうして、**その国語や英語が苦手な、大学は理科系志望の高1（の3学期）生にどう教えれば英語が少しでもよく分かり、好きになってもらえ、志望の大学に入れるかという工夫とその教授が始まりました**。

　その結果、幸いにして彼は晴れて志望の大学に現役で入れ、ご両親や親友のIさんからとても喜ばれ感謝されましたが、今から考えるとありがたく思い、感謝したいのは私の方です。そのような機会を、甥ごさん

第Ⅵ章　言語学習の厳しさ

とは年齢が２つしか違わない高校生の私に下さったことを。

　なぜなら、以上の２つのことがあったからこそ私は今こうして、この『バイリンガル脳で英会話―誰でもすぐ出来る―』を絶大な自信を持って皆さんにお送りすることができるようになったのですから。

　つまり、その１つは、彼に苦手な英語がよく分かり、好きになってもらうための工夫の方向とその仕方が正しかったように思え、その延長線上に私の今の英語という言語やその教授・学習法に対する考えがあるからです。

　もう１つは、まるで私が尊敬する剣聖の宮本武蔵のような、松本道弘先生の英語の学習における感覚の鋭さと厳しさです。私の使う英語は、先生の英語にかなり影響を受けたのですが、いまだに、先生の芸術の極みのようであった当時の英語に、遠く及ばない思いです。

　武蔵のような先生や、「英語道場」については別の機会に触れたいと思います。

　ここでは次に、当時の私の「暗記暗書」から「明記明書」（よく訳が分かって記憶し書き表すこと）への萌芽期と思える英語教授・学習法の工夫とその実践について、少しお話したいと思います。

Ⅵ-2 英文法と（論理的）科学的思考

　前回私は、親友の甥ごさん（高１の３学期生）に英語の家庭教師をしてあげることになった経緯についてお話しましたが、当時私は英会話だけでなく、英語の勉強にも真剣に身を入れていました。
　そうし始めたのは、あのアメリカ人宣教師さんとの英会話（？）以来、私は英語もできるとほとんどの人に誤解されていたからです。その期待に少しは応えねばならないと思ったわけです。ちなみに、私の中学・高校での英語の成績は、四苦八苦して中の上程度でした。
　ところで、私の中学校（富田林第一中学校）には稲田とおっしゃる、素晴らしいと聞く英語の先生がいらっしゃったのですが、残念ながら私は中学・高校とよい英語の先生には恵まれませんでした。そこで高２の冬から、当時有名だった旺文社の「ラジオ大学受験講座」を聞いて英語を、すなわち、その英文法、英文解釈それに英作文を徹底的に勉強することにしたのです。なにしろ、そのどの講座も東京方面の有名な大学の先生方が担当なさっていたので。
　が、**その講義は良かったのですが、そこで用いられる英文法も高校の教科書や参考書の英文法もおざなりな定義や矛盾した規則で満ち溢れていて、まじめに（真剣に）勉強すればするほど、ますます英文法が分からなくなるばかりでした。**高校内外のどの先生に尋ねても、返ってくる答えは教科書や参考書の域を出ません。そして、つまらないこと（？？）にこだわらず、どんどん英語とその和訳を暗記暗唱していくように薦められました。
　そこで、英文法については、自然に自分なりに訳のわかるように考え、納得していくようになったのです。しかし、今から思うに、その考え方

は論理的でかつ科学的なものでした。これは、私が中2の秋に英会話に感激しこれに夢中になるまでは、天文学や光学、それに科学の歴史や科学の方法（科学哲学）に夢中になっていた結果かと思います。

　それから、私が英文法を自分なりに考え納得していくもう1つの原因となったと、今となって確信する重要な事件が高校時代にあったのですが、これについては次回にお話します。

　ちなみに、故あって私がとても尊敬する中学3年の時の担任の先生（理科担当）は、私は将来科学者になるものとばかり思っていらっしゃったそうです。のちの同窓会で私が英語関係に進んだことを知って非常に驚かれました。中3の頃から、私としては理系に進むことはあきらめていました。それは、科学的思考法や発想法はとても好きで得意でしたが、計算が大の苦手だったからです。なにしろ足し算の繰り上げに苦労する始末ですから。これは小学生の時に算数の計算問題の宿題はみな甘い父にしてもらって、遊びほうけていたからです。が、しかし、長い人生において何が幸いするか分かりません。「人生万事塞翁が馬」のようです。ごく初歩的な計算が大の苦手だったからこそ、今こうして本書を世に問うことができるのですから。

Ⅵ-3 学問や言葉に徹底した厳しさ

　前回お話したように、私は高校時代に、英文法については自分なりに訳のわかるように論理的科学的に考え、納得していくようになったのですが、そうするにはもう1つ、言葉とその表す意味内容に関し、どれほど厳密でなければならないか、その厳しさが必要でした。
　これを徹底して教えて下さったのは、**私が高2高3の時の古典の先生だった、中尾とおっしゃる富高（富田林高校）の名物教師**でした。
　戦後、みんなが食べ物に不自由をしていた時ではあるが、栄養失調のために学校で倒れられ、「しっちょう」というあだ名を付けられ、たいがいの生徒に嫌われておられたこの漢文と古文専門の先生は、私にとっては素晴らしい先生でした。
　いまだに、この方ほど学問や教育に厳しく、ご自身の専門に堅固な自信を持っておられた教師や学者は他に知りません。
　直接一切手をお下だしにはならないが、その教え方の厳しさに、何人の女生徒が授業中みんなの前で、実際に涙をこぼして泣いてしまったことでしょう。
　そして、泣いたからといって決してお許しにならず、テキストの音読、古典文法の活用の暗唱をさせ、見事にできなければ憶測によるその生徒の人生生活論を皮肉たっぷりに批判したり、突然奇声を発して、周囲の生徒の友情の無さを悠然と皮肉ったり、そして今度はその一人を可愛がり？（いじめ？攻撃？）の的にしたり。その方法は、今だときっとパワハラになるでしょう。
　が、それはまさに、覚悟した上での命がけの教授法だったと思います。なにしろ、卒業式の後、卒業していく複数の男子生徒から校庭の片隅で

実際に袋叩きにあったこともあるという。そしてそれでも悠然となさっていて、その方法を全くお変えにならなかったと聞いています。

　ある時、古典の試験用紙を返してもらうと、私が病気で先生の授業を休んだ部分の解釈2,3箇所に0点が付いていました。そこで、古典専門の有名な東大の教授著の参考書をみせて、「これらの箇所は先生の授業を受けられなかったので、この解釈を覚えておいてその通り書いたのですが、0点ですか？」と尋ねると、その眼鏡の奥からじろりと私とその参考書を見た後、私の答案用紙をご覧になりながら、それらがなぜ0点なのかをきちんと（必要十分に、いや、十二分に）悠然とご説明下さったのです。

　これに私は感動し、その後は先生の古典の解釈を必死に勉強し、いつも100点満点中70点代しかとれなかったけれど、それはしばしばクラスでトップの成績だったと後で分かりました。

　私の学問における言葉に対する厳しさは、この先生に「徒然草」と「源氏物語」の解釈法を習った時に身に付いたのだと確信しています。

　ちなみに、私はこの中尾先生から言葉の科学的学問的厳しさを教わり、前出の松本先生から言葉の芸術的実践的厳しさを教わったから今の自分の英語英会話に関する研究結果があるのだと、両先生に心から感謝しています。

Ⅵ-4 英文の厳密な直訳とその効能

　さて、**私が初めて家庭教師をした高校生**に話を戻しますが、**彼は国語や英語は苦手だが、理科や数学は好きだ**とのことでしたね。そう聞いて、**私はきちんと論理的科学的に英語の語句の意味や文法をお教えすればきっとよく分かってもらえ、たとえ英語の勉強が楽しくならなくても嫌じゃなくなるのではないかと思いました。**

　そして、試しに理科系の人が好んで読むある洋書を用いて、これも試しに理科や数学のように厳密な直訳（文字通りの和訳）と自然な意訳（日本語らしい和訳）による英文解釈法を教え始めました。そして、教えた部分の意味内容のイメージや考えが文頭から文尾へ、また、段落の初めから終わりへと、頭の中ではっきりと流れるようになるまで、私の後をつけて発音したり、音読したりしてもらいました。

　そうすると、その方法がたぶん彼の性に合ったのですね。彼はそういう方法で英語を習うことを良しとしてくれました。

　そして彼は後に英語の勉強がとても好きになってくれたのですが、そのテキストとしては、Charles Darwin（ダーウィン）の "On the Origin of Species"（「種の起源」）と Norbert Wiener（ウィナー）の "The Human Use of Human Beings" のいずれかを選んでもらったように思います。

　とにかく、**その洋書の本文を厳密な直訳と自然な意訳を用いて彼に教えて行く過程で、私自身がその厳密な直訳によって英語という言語の発想法や、本当の文法が分かって来、その正しい意訳のあり方によって、言葉が表している現実の正しい捉え方が分かって来たのです。**

　つまり、私が授業料をもらって素晴らしいことを勉強させてもらったようなもので、こんな「有り難い」ことは文字通りそう多くありません。

例えば、(現代英語の) can の本当の日本語相当語句 (⇒和当語句) は「できる」ではなく、「-ことができる (、-える)」だと分かりました。このことを、He can swim. という英文で試してみましょう。同英文の直訳は、「彼は-泳ぐ-できる」ではないでしょう。「彼は-泳ぐ-ことができる」(あるいは、「彼は-泳ぐ-える」⇒「彼は泳げる」) でしょう。

　このことから、現代英語の「助動詞」と「動詞」の重大な違いがはっきりと分かったのです。

　日本語らしい「意訳」ばかりに頼って英語を学習していると、品詞つまり言葉の種類が正しく分かりません。動詞や助動詞、名詞や形容詞や副詞等の言葉の種類 (品詞) が正しく分からなければ、文法は絶対に正しく分かりません。英文法が正しく分からなければ、正しい英文が作れません。正しい英文を発話できません。書けません。

　ちなみに和直訳が「中」の場合、その英単語は名詞です。「中の」の場合は形容詞で (名詞に続いていきます)、「中で」や「中へ」や「中に」は副詞で (動詞に続いていきます)、「の中で」「の中に」「の中へ」「の中の」は前置詞です (名詞を仲介します)。

　この時、和直訳の「の」や「で」や「へ」や「に」が決定的に重要なのです。つまり、国文法で「てにをは」とか「助詞」と呼ばれる言葉です。

　日本語を介して英語を学習する場合、これらをおろそかにしている人には正しい英文法は絶対に分からないので、そのつもりで勉強してください。

第VII章 本物の英文法に向かって

Ⅶ-1　助動詞 do の意味や和訳は？

　前回私は、「英文の厳密な直訳によって、英語という言語の発想法や本当の文法が分かって来、その正しい意訳のあり方によって、言葉が表している現実の正しい捉え方が分かって来た」旨のことを言いました。
　このことは、あらゆる意味で非常に重要ですから、今回から数回、このことを2,3の例をあげて詳しく解説しておきたいと思います。

　まずは、"I don't understand." という英文です。
　この英文は通常、「理解できません。」とか「意味が分かりません。」などと日本語らしく和訳（意訳）されます。ちなみに、**その前に sorry を置いた Sorry, I don't understand.（すみません、理解できません。）** は、私達の英会話学習において入門レベルから初級レベルに行く頃にはマスターしておくべき重要な対処（問題解決）の表現の1つとしています。
　文法的に正しい英文ならどれでも良いのですが、その "I don't understand." 1つ取ってみても、これを文法的に厳密に和訳、すなわち直訳すれば、その過程で（現代）英語の本当の文法が見えてきます。
　その厳密な直訳の過程を示すと次のようになります。

　同文を構成する各単語の的確と思われる和訳（⇒ [ ] 内）：（但し（ ）内の「てにをは」は動詞を中心とする位置が示していることに注意）
I [私（は）] do [x] not [ない] understand [理解している].
　その（英単語の）和訳の和文語順への並べ替え：[私は][理解している][x][ない]。あるいは、[私は][x][理解している][ない]。
　その直訳：「私は理解していない。」

これが英語発想に最も近い和訳で、「何を理解していないのか」は、この文のように表現されていない場合は、その直前の発話（語句や文）です。それが相手のものであれ、自分のものであれ。
　ところで、今、上で do という英単語（＝助動詞）の和訳を x としておきましたが、この和訳は何か分かりますか。
　この助動詞 do の和訳を動詞の 3 基本形と共にきちんと考えた時に、現代英文法の重大な謎がいくつか同時に解けたのです。
　それは次に解説する、"What does your father do?" や "What does it mean?" という英文の does という助動詞と同じ和訳です。
　それがどんな和訳になる（べき）か、次にいく前に少し考えてみてくださいね。

Ⅶ-2 （本）動詞と助動詞の do(es)

　前回からの宿題は、その直訳が「私は理解していない。」となる、
I [私（は）] do [×] not [ない] understand [理解している].
という英文の 'do'（助動詞）をあえて和訳するとどうなる（べき）かでした。

　それは、意訳したり、ややおざなりに直訳する時は『和訳無し』ですが、きちんと和訳したりあえて和訳するとすれば、それは現在形ですから「現在事実」とか「今本当に」となるでしょう。

　そうすると、一般に「'do' の和訳は？」と尋ねられたら、1．（本）動詞の場合は、「する；している」であり、2．助動詞の場合は、通常和訳なく、あえて和訳すれば「現在事実」あるいは「今本当に」である、というのが正解となります。

　'Does' の和訳も同様です。

　"What does your father do (for work) ?" は、

　What [何（を）] does [（現在事実）（か）] your [あなたの] father [お父さん（は）] do [している] (for [として；のために] work [仕事])？

と分析され、「あなたのお父さんは（仕事として）何をしていますか。」という直訳となり、「お父さん（は）何（を）なさっているの？」等の意訳となります。

　ちなみに、do や does にアクセントを置いて、次のように発話されたら、「現在実際に～；今では本当に～（のだよ）」という意味で強調されているのです。

He does teach the Chinese classics.

［直訳：彼は現在事実、中国古典文学を教えている。］

I do understand these Chinese classical poems.

［直訳：私は現在事実、これらの中国古典詩を理解している。］

　ここでもまた言いますが、一事が万事です。このようにきちんと考えていけば、ほとんどあらゆる英文法の問題がきちんと解けていくのです。

　ところで、とても残念なことは、私達はネイティブスピーカーの先生方の他に、非常に多くの日本人の英語や英会話の先生をお雇いしてきましたが、doやdosの意味や和訳をお尋ねしたり、"What do you do (for work)?" という英文の「助動詞 do の意味や和訳」をお聞きしたところ、これにきちんとお答えになれた方は皆無だったことです。

　ところで、前項の終わりに「助動詞doの和訳を動詞の3基本形と共にきちんと考えた時に、現代英文法の重大な謎がいくつか同時に解けた」と言いましたが、そのいくつかとは次のようなことです。

1）1つの動詞には3種の形があり、それらは「原形」と「現在形」と「過去形」であること。
2）「原形」とは何を表す形か。
3）「現在形」とは何を表す形か。
4）「過去形」とは何を表す形か。
5）「現在」とはいつのことか。

等です。

　以上の1）を参考にして、2）〜5）の答えについて、本シリーズの次の「地の巻：初級・真の英文法：理解編」が出るまでに少しは考えておいて頂ければ幸いです。

Ⅶ-3 mean は「意味」ではない

　さて、次には、通常「それはどういう意味ですか。」と日本語らしく意訳される、**"What does it mean?"** という英文をどうしても取り上げねばなりません。

　なぜなら、1つには、この英文は本番の英会話時にネイティブスピーカー達も重宝する、重要なコミュニケーション上の対処（問題解決）の表現であり、また、その重宝さの故、私達の英会話学習において入門レベルから初級レベルに行く場合の、マスターしておくべき最も重要な対処（問題解決）の表現の1つとしているからです。

　そして、もう1つには、この英文のmeanほどその意味内容を私達日本人に誤解され、意思伝達を悪化する結果を招いている英会話用表現は他にない、と思われるからです。

　が、なぜ、この表現の意味内容が私達に誤解され、本番の英会話時の意思伝達時に問題を起こしがちになっているのかと言うと、この英文の本当の成り立ちが分からないまま日本語らしい和訳を付け、暗記しているからです。

　この英文の、いや、どの英文もです。一事が万事です。**ある英文の本当の成り立ち、つまり、ネイティブスピーカーの英語発想は、日本語を介して（つまり日本語の助けを借りて）知る場合、厳密に直訳して、（つまり、対応する語句を過不足なくきちんと日本語に移し変え、日本語の順にして考えてみて、）はじめて分かる**のです。

　問題の **"What does it mean?"** という英文のそうした直訳は、「それは何を（現在事実）意味するか。」です。

　（参考［厳密な直訳へ］："What［何（を）］does［現在事実（か）］it［それ

（は）] mean［意味する］？ ⇒ それ（は）何（を）（現在事実）意味する（か）？）

　この直訳が同英文の、ネイティブスピーカー達の発想法通りの和訳です。ですから、これに英文で答える場合、「それは〜を意味する。」と発想し、**"It means 〜 ."** としなければなりません。
　「その意味は〜。」のつもりで"The mean is 〜 ." とか、"Its mean is 〜 ."（ともに、「その（中間値）平均は〜です。」という意味）などと言ってはいけません。
　どれほど多くの日本人英語学習者が、「意味」に当たる英単語がmean だと誤解していることでしょう。これは、今上で言ったように、英文 "What does it mean?" とその日本語らしい和訳「それはどういう意味（ですか）？」を対にして暗記暗唱するから、「mean＝意味*」だと思い込んでしまうのです。（注：語句や文の右肩の「 * 」は、それらの誤りや不適切を表します。）

**　Mean の本当の意味内容は、動詞として用いた場合のみ「意味する」で、名詞としては「（中間値）平均」、形容詞としては「卑劣な」が主なものです。**

　ですから、「それはどういう意味（ですか）？」と言うつもりで、"How mean?"（＝「なんて卑劣なの！」と聞こえる。）とか、"How mean is it?"［＝それはどのくらい卑劣ですか。］などと言っても問題が起こり、困ったことになります。
　以上のことは英語のマスターに決定的に重要です。
　もう一度言わせて頂きます。

**　学習するどの英文も、その英文の内容語の「ネイティブ発想順」の他にきちんとした直訳を通して、その英文の「ネイティブ発想」がよく分かり、これも身に付け習慣化していかねばなりません。**

Ⅶ-4 直訳は英語発想、意訳は日本語発想

　さて、本書も最後から２つ目の項目にやってきました。

　ここでは、What made you ~ ? という最も英語らしい発想文の１つと、その応答法を解説し、本シリーズの第２巻『地の巻：初級・真の英文法：理解編』への準備を始めたいと思います。

　さて、**What made you learn Russian?** という英文の（発想順でなく）**発想法**は、その直訳の「何があなたにロシヤ語を習わせたか？」です。（厳密には「何（が）あなた（に）ロシヤ語（を）習う-させた（か）？」）ですから、この質問に対する応答はその発想法に応じて、「娘のロシヤ人との結婚（が）私（に）ロシヤ語（を）習わせた」と発想し、**"My daughter's marriage to a Russian did** (=made me learn Russian)．**"**〔私の娘のロシヤ人との結婚（が）そう（=私にロシア語習う）させた（のです）。〕あるいは、**"My daughter's marriage (did)．"**〔私の娘の結婚（がそうさせたの）（です）。〕**(= 以上、初級レベル)** あるいは、**"A marriage (did)．"**〔（ある）結婚（がそうさせたの）（です）。〕**(=初級レベル)** あるいは、**"Marriage (, you see?)．"**〔結婚（です）、分かるでしょう？〕**(=入門レベル)** とすれば良いのですが．．．。

　何と多くの方々が、**"Because ~ ．"**〔なぜなら、~から/ので。〕**とお答えになることでしょう！** そんな風に "Because ~ ．" で答える英語のネイティブスピーカーやバイリンガルはいないのに。

　これは、"What made you ~ ?" という英文に、「なぜ、あなたは~したの（ですか）？」などという（日本語発想の）意訳文を付けての暗記暗唱しかしてこられなかったからでしょう。

　そのようなことばかりしていては英語のマスターは絶対にありません。

なぜなら、英文の本当の成り立ちが一切きちんと分からないからです。
　直訳は英語（原文）の成り立ち通りで、それゆえ英語（原語）発想です。意訳は自然な日本語（意訳文）の成り立ち通りで、それゆえ日本語発想です。
　ちなみに、これと似た例を2つ次に挙げておきます。

1．What brought you here?
　これは「どうしてここへ来たの？」と意訳される英文です。が、母語話者の発想は、その直訳の「何があなたをここへ連れてきたのか？」です。
　この「連れてきた」という意味の brought（原形は bring）は、通常その文脈によって「運んできた」あるいは「導いた」という意味になります。そして前者の場合は "The first train did（= brought me here）." や "A taxi did." や "My husband's drive did." などという応答となります。また後者の場合は、"Your advertisement [広告]（= picture and words）did." や "My friend's suggestion [提案]（= words）did." となり、これらの did は助動詞で、すべて "brought me here" を表しています。

2．What took him there?
　これは「どうして彼はそこへ行ったの？」と意訳される英文です。が、母語話者の発想は、その直訳の「何が彼をそこへ連れて行ったのか？」で、その適切な応答例は上の1．と同様です。ただ、この場合の did は、"took him there" を表すことだけが異なります。

　ちなみに上の1．"What brought you here?" の答えが "Your advertisement did." の場合、相手に "Which advertisement?"〔どの広告？〕などと尋ねられても、本書をここまでお読みの皆さんは、どう発想し何を言ったらよいか、もうお分かりですね。

Ⅶ-5 初級レベル『真の英文法：理解編』では

　さて、初級や中上級レベルにもしばしば言及してきましたが、この本番の英会話の入門編は最後の項目にやってきました。

　本書は英語のネイティブスピーカーやバイリンガルの人達を相手に、（本番の）英会話学習のごく初心の方々が（ほとんど）あるがままの能力で、たとえそれがどのような内容であっても本番の英会話をきちんと気楽に楽しくする方法を述べたものです。

　ただしそれは、相手の外国人が発話した英文をまねて言うことはあっても、原則として自らは正式な英文を一切作って発話しないで、ごくわずかの対処の表現と英語句あるいは和語句を1つずつ用いて、私達が「ごく基礎的なバイリンガル脳」と呼ぶ頭で持ってする方法でした。

　が、本シリーズの第2巻『地の巻：初級・真の英文法：理解編』では、日本の公立中学2年レベルの複文＋αも少数入れますが、主として英単文を自由自在に正しく作って発話し、本番の英会話を気楽に楽しくする方法をお話したいと思います。

　しかしながら、英単文と言っても、**本番の英会話で正しく発話するためには、正しい英語句の意味内容と正しい英文法と、正しい事実認識法を身に付けねばなりません。**

　しかし、**今までの英語英会話教育や学習法はほとんど皆、英日・日英の暗記暗唱法で、以上のいずれも正しくは教えていない**ようです。

　そのため、英語を外国語として学んだ私達が、本番の英会話で話す英文は**ブロークン**（＝ broken: **文法はずれ**［小学館プログレッシブ英和］、**でたらめ**［ジーニアス英和］）にならざるを得ません。

　この初心者用の本書でも、機会あるごとに「正しい英語句の意味内

容」や「正しい英文法」や「正しい事実認識法」について触れましたが、次の第2巻『地の巻』では、これらとその習得法をを本格的に扱うことになります。

それに進むための重要な心準備や、それを実践する時の重要な心構えは次のとおりです。

すなわち、「**日本語の助けを借りて英語を学ぶのなら、まず（真の英文法を用いた）英文の成り立ち通りの厳密な直訳でそれを解釈し、それから現実生活に鑑みて日本語らしい意訳を自ら作り、与えられた意訳と比較対照し、それらの良し悪しを自ら判断すること**」です。そうすれば、英語を外国語として学ぶ私達日本人の苦手な「英文法」だけでなく、私達が最も苦手とする「事実認識」のとても良い練習になります。

「**次に、その英文を文頭から文尾へと、意味内容のまとまり毎にその表現内容をイメージしたり、その表現思考や感情をフォローしたりしながら、何十回、何百回と音読や息読（ささやき読み）をすること**」です。そうすれば、その英文の音読や息読と共に、その表現内容のイメージや思考が日本語の仲介無しに、つまり直接楽に適切に頭の中で流れるようになり、**英日バイリンガル脳が正しく形成されていきます。**

終章

終-1 心に触れる感激の英会話を目指そう

　それが英語であれ日本語であれ、もともと**言語**というものは**コミュニケーション (communication) の手段 (means)** として発達したものでしょう。人間以外の動物のものよりは、より**高度なコミュニケーションの手段**として。これが**言語の本質（＝本来の姿）**でしょう。

　その根本は、あらゆる試験やテストに見られるように、私達人間が習得した知職力を量り、その大小を競うためのものではないでしょう。ましてや、英日、日英などの翻訳力をはかり、これを競争し合うためのものでは絶対にありません。それはまた、習得した言語能力の演技発表 (performance) 力を競うためのものでもありません。

　それは、私達が持つ**直感 (intuition)** や**知情意 (knowledge, feelings, intention) のより高度な社会的コミュニケーション (social communication) の手段**でしょう。もちろん言語はまた、そのための自省用・個人内コミュニケーション (intra-personal communication) の手段でもありますが。

　この言語を用いての**即座の社会的コミュニケーションの基礎**となる会話では、そこで交わす言葉を前もって覚えておくこともリハーサルしておくこともできませんから、この意味ではやさしくないですが、それが簡単に成功するか否かは、当事者同士が互いに相手を思いやりながら協力し合ってこれをするかどうかにかかっているだけです。

　が、一方がどれほど相手のことを思いやって意思伝達しようとトライしても、他方がこれを全て無視し、相手のことをまったく思いやらないとしたら、会話など決して成り立ちません。これまで本書で何度も触れたことですが、英日・日英の暗記暗唱（テスト）法でしか英語や

終章

　英会話を学習したことのない人は、本番の英会話の場で、相手の外国人がどれほど思いやりを持ってきちんと意思伝達し合いたいと思い、起こる問題に対して他の言葉や目線や表情やジェスチャー（＝nonverbal communication means）で解決し合おうとしてくれていても、心が受験の世界に行ってしまって、これらをすべて無視し、相手のことはもちろん、自分を思いやることも全くできません。

　そこで、**本書は、私達、英語を外国語として学ぶ日本人が日本語の全く分からないネイティブスピーカーを相手に、どうすればこの弊害を即一掃し、本番の英会話をすぐに両者にとって有意義で素晴らしいものにすることができるか、その確固たる方法を述べたもの**です。

　その方法は、即座の相互意思伝達をし続けるという難しい状況にあって、実は相手だけではなく、自分をも充分思いやった、心と心が触れ合う方法です。良識（common sense）のある人なら世界中の誰にでも分かるはずの。

　相手の言うことが聞き取れなかったり、理解できなかったりした時（以上、英会話時の問題例）即、微笑みながら"Sorry?"あるいは"Pardon?"のいずれか１つを相手に向かって心を込めてはっきりと言い（以上、その解決法の前半で主として自分への思いやり行為）これに対する相手の発言内容をきちんと正しく受け取るために、微笑みながら心を空にして待てる（以上、その解決法の後半で主として相手への思いやり行為）かどうかが最重要問題です。

　会話というものは通常無意識の非言語伝達（nonverbal communication）も伴い、私達の心のあり方がその声音や目線や表情、ジェスチャーや態度に表れてしまいますから、言葉の他に心の持ち様がきわめて重要なのです。

　ところで、**英語を外国語として学ぶ私達初心者を相手にしても、一旦本番の会話に入るとたいがいのネイティブスピーカー達は互いに相手への思いやりがあり、言いたいことがすべてきちんと伝えあえる会話がしたいのです。本当のところは。**

ですから、英会話に関しては幼児のような入門レベルの私達大人は、"Sorry?" や "Pardon?" だけでなく、何をどう言ったらよいのか分からない時の "Please guess." はもちろんのこと、英単語１つずつや和単語１つずつも、次回に掲載するその他の英会話用重要表現も同様に即、心を込めてはっきりと相手に向って発話できるように努力することが肝要です。

　私の京都教室の生徒さんの中に、日本で主として英会話を教えている米国婦人から「**あなたは私のどの生徒よりも英会話が上手で、あなたの会話法に感激しました。また、あなたに私の英会話クラスやレッスンで何を教えたら良いかを学びます。**」というようなことまで言われたと、私に報告してくれた50代のご婦人がいらっしゃいました。

　その米国婦人とは着物の展示会で知り合い、その後親しい友達同士となられたその京婦人は、私達のクラスを覗かれた時は英語が苦手で英会話など習ったことがなく、私達のクラスで週１回２時間２年たらず、入門と初級レベルの英会話（法）を習われただけです。

　ですから、本書をここまでお読みいただけても、まだ英会話の本番を経験なさったことのない方々は、１度でもよいから私達の言っていることを信じて、勇気を出してこれにてトライしてみてくださいね。

【参考】今、上で述べたように私達人間は皆、言葉だけで会話をしているのではないのです。

　ですから、私達がネイティブスピーカーと本番の英会話をしている時も、言葉に伴う nonverbal message（言葉以外の伝達内容）により、私達がどんな心の状態にあるかは言葉のやり取りのそのつど、彼らはたいがいよく分かっています。なにしろ、彼らにとってそれは母語での会話で、心理的に余裕たっぷりですから。

終-2 英会話マスターのための必修表現と重要表現

　以下は本番英会話マスターのための、**入門者用の必修表現と重要表現**です。**これらの英語表現をマスターすれば、本番英会話など簡単なこと**です。後は、英単語あるいは和単語1つずつで言いたいことを伝えていけばよいだけでしたね。**入門レベルでは。**

　これらは〔　〕内に日本語で示したような意味の決まり文句ですから、暗記してもよいのですが、即、暗唱ではなく「明話」あるいは「明唱」できるように努力して下さい。

　ここでの「明話」とは、本番の英会話で〔　〕内に日本語で示したような気持ちになれば、即（= 2秒以内に）、その英語が相手に向かって気持ちを込めて言えるように、いや、気持ちがこもって自然に（:自動的に）出て行くようになることです。

　問題は、本番英会話中に頭が他所へ行って、〔　〕内に日本語で示したような気持ちになかなかならないことですが...。

　ちなみに、/ は「または」を表し、各表現の最後の（p〜）は本文中で同表現が出てくるページを表しています。同表現に関する解説や、その用い方の実際例はそちらをご覧ください。

入門者用必修表現

Sorry?? 〔すみません、何とおしゃった？/理解できません。〕(p20)
Pardon (me) ??
　　〔すみません、何とおしゃった？/理解できません。〕(p20)
Please guess. 〔どうか（言い）当ててみて下さい。〕(p20)

193

入門者用重要表現

You know ～．〔あの（ーです）ね、～。〕(p41)
～, you see？〔(～です。分かりますか？)〕(p41)
Excuse me.〔恐れ入りますが。〕(p44)
Just a moment, please.〔ちょっとお待ち下さい。〕(p82)
One more time, please.〔もう一度お願いします。〕(p82)
Thanks a lot.〔ありがとう（ございます）。〕(p82)
For example, ～．〔例えば、～。〕(p104)
Anything??〔何か（言いたいこと）ありますか？〕

初級レベルに向かっての重要表現

Yes, I mean ～．
〔そう（です）。（私の言っているのは）～（ということです）。〕(p24)
Yes, I think so.〔はい、そう思います。〕(p24)
"Well, I guess so."〔そうですね。そうかも（しれません）。〕(p24)
by the way〔ところで〕(p26)
What's that/ this?〔それ／これは何ですか？〕(p38)
Yes, very good.〔そうです、とても上手です。〕(p42)
What does it/ this mean?
　　　　　　〔それ／これはどういう意味（ですか）？〕(p43)
What's up?/ What's new?/ Anything new?〔何かある？〕(p49)
Not much.〔たいしたことない（です）。〕(p50)
Well,…let's see.〔えーっと、そうですねー。〕(p51)
Well,…I'm not sure… (but ～).
　　　　　　〔そうですねー、自信ない（ですけど、～）。〕(p56)

終章

(Could you give me) Just one minute, please?
〔ほんの１分間（いただけませんか？）お願いします〕。(p116)
Thank you for the time.〔お時間ありがとう（ございました）。〕(p120)
Have a good day.〔良い日を持たれ（＝過ごされ）ますように〕(p120)
Sorry, it's about time.〔残念ですが、そろそろ時間ですね。〕(p120)
Thank you just the same.
〔(あら、)とにかく、ありがとう（ございました)。〕(p125)
Do you like 〜？〔〜は気に入りましたか？〕(p132)
If impolite, please tell me.
〔もし失礼だったら、おっしゃって下さい。〕(p136)
(Well) I mean, 〜．〔(そう(です)ねー。私の言っているのは、〜。〕
Well,...no.〔そうですねー、そうではありません。〕
Well,...yes and no.
〔そうですねー、そうだとも、そうでないとも言えます。〕
Maybe 〜．〔(ひょっとしたら)〜かも知れません。〕
Sorry, what did you say?〔すみません、何とおっしゃった？〕
Sorry, I don't understand.〔すみません、理解できません。〕

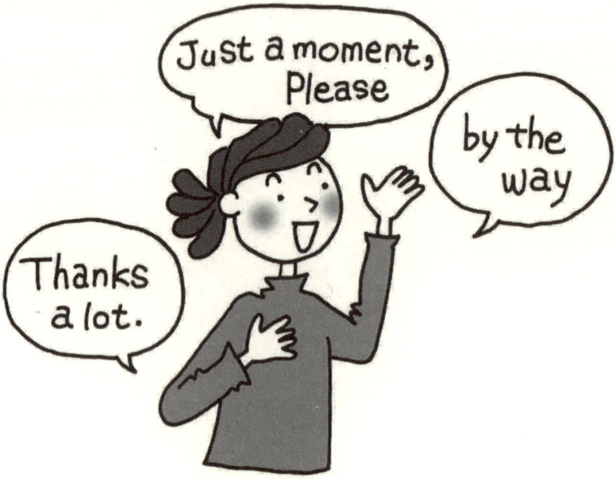
Just a moment, Please
by the way
Thanks a lot.

終-3 本シリーズの概要（下）

　本「HC日英バイリンガル脳シリーズ」は次の5巻から成る予定です。

1. 天の巻：入門・真の英会話：信心編（本書）
2. 地の巻：初級・真の英文法：理解編
3. 人の巻：中級・イメージ即英語：実践編
4. 心の巻：上級・思考速流英語：科学編
5. 愛の巻：悟級・グローバル人間：修行編

（ただし、「即」は「日本語を介さない（で）」の、そして「速」は「（日本語を介さず）高スピードで（の）」の意味です。）

　が、以上の1.の「天の巻」と、2.の「地の巻」の簡単な紹介は、序論の2.の「本シリーズの概要（上）」で済んでいます。
　そこで、ここでは3.の「人の巻」と4.の「心の巻」、それから最後の5.の「愛の巻」を簡単に紹介させていただきます。

　さて、まずは本シリーズの中級の**第3巻「人の巻：イメージ即英語：実践編」**ですが、これは主として次の3部から成ります。

Ⅰ．中級レベルの英語の即読・即聴を目指して
Ⅱ．中級レベルの英語の即書・即話を目指して
Ⅲ．中級レベルの英会話を目指して

そして、Ⅰ.では、中級（日本の公立高校）レベルの英語の、日本語を介しての正しい理解から、その音読、息読、黙読や音・息シャドウイング（＝後つけ）、黙聴等による日本語抜きの正しい「英語即イメージの流れ」の習慣づけを目指します。
　また、そのⅡ.では、イメージや思考の流れの、日本語を介さない、中級レベルの英語でのライティングやスピーキングの習慣づけを目指します。
　そしてまた、そのⅢ.では、英語句や英単文や重文だけでなく、簡単な複文や混文も用いた、自由自在な英会話力の習得を目指します。

　そして次は、本シリーズの上級の**第4巻「心の巻：思考速流英語：科学編」**ですが、これは主として次の4部から成ります。

　Ⅰ.上級レベルの英語の速読・速聴を目指して
　Ⅱ.上級レベルの英語の速書・速話を目指して
　Ⅲ.上級レベルの英会話やディスカッション力を目指して
　Ⅳ.英語マスターの人間科学論

　が、このⅠ.～Ⅲ.に関しては、「上級レベルの英語」とは「日本の大学以上のレベルの英語」を意味することをお断りするだけで、その概要はお分かり頂けるでしょう。
　ところで、そのⅣ.に関して少し述べますと、これは、本「HCバイリンガル脳英語教育学習法」が、英語を外国語として学ぶ人々が英語をマスターする場合に最良の方法であることを脳科学的に、また英語史を科学的に見直して証明しようとするものです。

　さて、最後の**第5巻「愛の巻：グローバル人間：修行編」**です。同巻では上級の日英バイリンガルを目指される方々で、それが政治、経済、社会の問題であれ、科学、芸術、スポーツの問題であれ何であれ、何を

終章

　どのように考え話せば英語のネイティブスピーカーを中心とする外国人達相手にディスカッションで有意義なことが発言でき、討論で負けないかがよく分からない方々のために、何をどのように学習し考え、話したらよいかをお話します。そして最終的には人間愛が最重要とする私的な考えを述べたいと思っています。

　それを叩き台にして頂き、たとえそれが私の考えとは相反する方向のものであっても、ご自身のしっかりした意見を持って外国人に相対して行けるようになってもらいたいと思い、本巻を設ける予定です。

　ちなみに、今年になって去る１月10日に関西学院大学の大阪梅田キャンパスであった「**英語の習得と運用を支える脳機能**」(コーディネーター＆コメンテータ：成田一（大阪大学））と題する**第11回英語教育総合学会**に会員として参加させていただきました。それは主として４人の先生方の研究発表的講演から成っていましたが、その内容はほとんど全て本書と同方向のものでした。

　立命館大学の上田眞理砂先生の「リスニング能力の向上とメタ認知能力の関連について」のユーモアあふれるお話の**内容語**と**機能語**に関しても。関西学院大学の門田修平先生の「英語（第二言語）の運用と習得を支える実行機能」における「**シャドーイング・音読がいかに関係しているか**」に関しても。関西学院大学の表谷純子先生の「認知を支える実行機能とメタ認知」の**地図と現地**（実践）や**アイコンタクト**のお話にしてもそうです。

　が、しかし、**大阪市立大学の井狩幸男先生**の「**脳科学やその他の自然科学研究から見た英語教育への示唆**」には大変驚きました。それは**本書の主張とほとんど全く同方向の研究結果**だったからです。ただし、先生のは**科学的学問的な**、そして私のは**教育学習の現場的な**。

　その感激のあまり、以上のことを本項の終わりに付け加えさせて頂きました。

199

終-4 英語の先生方やグローバル企業の皆さんへ ―一緒に世界の英語界を制覇しませんか？

　私達が本「HC日英バイリンガル脳シリーズ」で詳述する英語を外国語として学ぶ人達のための（実用）英語のマスター法は、**以下の重要な三者を根本的に正そうとするもの**です。

　つまり、現在世界中で行われている英語・英会話教育学習法の極めて不適切な、
　1. 英会話法
　2. 英文法
　3. 意味内容の理解表現法
の三者を。

　ただし、その英語の**（広義の）発音法**や**シャドーイング［後つけ］法**、**スピーチ法**や**演劇法**等はこの限りではありません。つまり、**現在のままで良い**と私達も思っています。

　ということは、現在世界中で用いられている、こと英会話教授法や学習法、それに英文法、それから意味（内容）の理解表現法に関しては、（そのあるべき姿から言えば）非常に不適切だということです。

　なぜ、これらが非常に不適切になっているかというと、まず、その1つ目の英会話の教授法や学習法が、英会話とは主として心理社交術であることがよく分かっていず、エチケットに従った即座の正しいあるいは有意義な相互コミュニケーションのためのものになっていないからです。

また、その2つ目の英文法は、本物の（現代）英文法ではなく、古代のラテン語の文法を現代英語に無理やり当てはめた（ままの）もので、その文法規則には矛盾や不明な点が多すぎ、これをまじめに学習することは害多く益少ないからです。

　さらにその3つ目ですが、英語の語句や文の意味は通常辞書的な意味や母語への翻訳的な意味だけしか問題にしないで、その社交的・社会的な意味まではごく稀にしかきちんと扱っていないからです。

　そして、**もし今私が上で言ったことが本当で、それらが科学的人間学的に非常に不適切で、私が本書で述べる方向にそれらを改善しなければならないとしたら、世界中の英語英会話教授や学習は私達の提唱する方法を用いざるを得なくなる**でしょう。

　そうなれば、私達は今言った意味で、世界の（実用）英語界を制覇できることになりますね。
　いかがですか？
　これをいっしょに、協力し合ってやっていきませんか。

おわりに

　英語は世界の国際共通語となってきています。それも特にアメリカ英語がその傾向を強めています。そして、今後ますますこの傾向が強まることは間違いありません。

　ちなみに、19世紀後半に国際共通語として**エスペラント（語）**がポーランドのザメンホフによって開発されました。そして、その後多くの人々や団体によってこれを世界に広める努力がなされてきましたが、あまり成功していないようです。

　これが成功しないのは、私としては当然です。なにしろ、それは知的人工言語で母語話者がいないのですから。人工根無し草みたいな言語ですから。それから、その文法もこれまた何の現実的科学的根拠もなく、結局のところは伝統的権威主義による（古代の）ラテン（語の）文法を基としたもののようで、理解しにくく習得が困難ですから。

　英語が今後ますます国際共通語としての傾向を強めるというのには、**重要な現実的根拠**がいくつかあります。

　その1つ目は、英米両国の英語について言えることですが、**現代英語の真の文法はごく簡単明瞭で、その習得は発想さえ変えればきわめて容易であること**です。すなわちそのためには、次の3つのことに慣れればよいだけですから。

①本書ですでに解説したように、まず『**英語で表現する重要内容語を問題のものから、それに直接関係するものを通って、次第により間接的なものへと並べること**』（これは本書で解説済み）

②次に、『**その間接的なものは、その間接的な関係を表す仲介語（辞）を仲介させること**』

③後は、これに『**英文法上重要な少数の語形規則を当てはめること**』

（後の2つは次の「地の巻：初級・真の英文法：理解編」で解説）
　以上です。
　ちなみに、英語がこのように簡潔な文法を持つようになったのは、英国の2世紀半以上にわたる重大な歴史的事件によるものですが、これについても次の「地の巻」で解説します。
　ところで、**英語が今後、国際共通語としての地位を固めていくであろう重要な現実的根拠**の2〜4つ目は、特に米国英語について言えることです。
　その2つ目は、現在もグローバル規模で進行中のIT革命を含む情報革命の主導者が米国で、その成果が世界に広報される自然言語は米語であることです。
　そして、その3つ目は、**英語はすでに特に米国で、異なった人種や文化の人々の共通語としての試練を受け、これを共通語として何とか立派にやってきているという事実**です。米国社会はよく「人種や文化のるつぼ (melting pot)」、あるいは「同サラダ鉢 (salad bowl)」と言われるように、異なる人種や文化の人々が現に英語を共通語として生活し、何世紀にもわたって成り立ってきた国でしょう。多少の問題はあるとしても。
　その4つ目は、**米国英語は今や英語英語と違って、上下（主従）よりは対等な関係を表す表現を好み重んじる言語となっていること**です。これは、どの国々（の人々）も他の国々（の人々）と特に主従関係を結ばない限り、対等でありたいだろうから、米語が国際共通語に適しているということです。
　他にも、英語が国際共通語となっていくだろう根拠があるかもしれません。が、とにかく、この頻繁にグローバリズムが話題にされる21世紀を生きていく上で、英語や英会話のマスターは必須だとは言えないまでも、これらが正しく自由自在にできたらどれほどすばらしいかは言をまたないでしょう。
　さて、本書で何度も言ってきたように、**暗記暗唱法では英語や英会話のマスターはありません**。いくらネイティブスピーカーの先生に習って

も。
　もう、皆さんにはお分かりでしょう、どうしたらよいか。そうです、上の英語が国際共通語となる現実的根拠の1つ目の解説から分かるように、この「会話編」(本書)で述べたことと次の「文法編」で述べることをマスターすることが、正しい英語英会話マスターの最短距離なのです。
　ところで、本書の原稿は出版依頼のため、東京、京都、大阪の数々の出版社に送らせて頂きました。が、大阪のせせらぎ出版の山崎亮一社長さんから、「従来の英語学習について抱いていた先入観とは全く違った、斬新な方法を採り入れられており、『この通りにやれば、誰でも英語ができるようになるかもしれない』と思いました。また、本の編集上も工夫をして分かりやすくすれば、革新的な本ができるのではないか、とも思いました。」という最もうれしいコメントが頂け、同社に決めました。その後、編集担当の原知子さんからも、「英語はまったく不得意で申し訳ないのですが、原稿を大変興味深く拝読しました。英語嫌いの私でもわくわくして読みました。ぜひ多くの人に伝えたいですね。」というコメントを頂き、うれしくまた気持ちよく校了にまで至りました。その間、お二人から貴重な提案や助言を頂くと共に、いろいろお世話になり、ここに心から感謝の意を表します。

平28年2月

　　　　　　　　　　　　　　　　　　　　　　　　平野　　清

「英語の神様」平野清先生について

川田純枝
株式会社コメール21 代表取締役

　1970年代後半のことですが、当時平野先生は、大阪は梅田のサンケイビルの1室で毎週日曜日に（通訳を通した）英語の勉強会を主催していらっしゃり、私はこれに参加させていただいておりました。この無料の勉強会への参加者は社会人が多かったのですが、私は、関西地方のある大学に在籍する学生でした。

　それから10年後、私自身が英語を教える仕事を始め、教える仕事には準備、テストの作成、添削など、大変な裏の作業があることがはじめて分かり、先生が無欲で寛大であられることを改めて認識した次第です。

　このため、20年以上も前から平野先生には報恩したく、先生の所在を突き止めようとしていましたが、そうできたのは数年後にインターネットの使用を開始し、知人のプログラマーの協力をえて、やっと先生の経営されるヒューコム・インターのホームページにたどり着いた時でした。

　今ではアメリカの大学院を卒業した人はたくさんいますが、そのような方が少ない時代に、それを鼻にかけるわけでもなく、威張るわけでもなく、当時から私は平野先生のことをなんと寛大な方かと思い、先生のことを「英語の神様」と呼んでおりました。この勉強会以外にも年末にはご自宅での忘年会に招待していただいたり、ディベートを見学に行った後、ご自宅で夕食をいただいたりしたことも嬉しい記憶として残っています。

　週休2日が定着していないこの時代の貴重な日曜に、当時新婚であられた先生はきっとご家庭でくつろぎたかった違いありません。今から考えると交通費だけでもお支払いすべきだったのですが、私たちは、なん

と厚かましいことをしていたのかということが分かり汗顔の至りです。
　安易に英語や英会話学校が乱立し、安易な教授法でそれらを教えられる今日においても、先生は英語や英会話の正しいあり方を研究し、その正しい教授法を開発し、それらでもって人々を正しく導いていくことを生涯のミッションとしておられます。
　以上のような訳で、一人でも多くの方が、平野先生が開発されたヒューコム・アプローチによる、先生自らの英語・英会話の授業を一度は受けて見られることをここに心底からお勧めいたします。

川田純枝
1959年生まれ
1981年関西外国語大学外国語学部英米語科卒業
1979年より1980年まで同校交換留学生としてウィスコンシン大学へ留学
1984年より1985年までシカゴ大学大学院へ留学
翻訳会社 株式会社コメール21 代表取締役
http://www.s777come.server-shared.com/

平野　清　（ひらの　きよし）

大阪市立大学英米語英米文学科卒業。在学中に通訳案内業国家試験、英検一級合格。
大阪YMCA英語学校で非常勤講師兼通訳翻訳家業を行う。
1975年　ミシガン州立大学大学院卒業MA（異文化コミュニケーション専攻、修士）。この後まもなく英語・英会話の科学的人間的教育学習法の開発と実践と広報をライフワークとし始める。
堺YMCA英語学校準専任講師、大阪YMCA英語学校、大阪学院大学、朝日カルチャーセンター等の非常勤英語英会話講師を兼任。
このころ約5年間、関西で開催された「大学英語ディベート大会」に毎回ジャッジとして招かれる。
1987年　生きがい英語塾設立。翌年有限会社として登記。
1992年　ヒューコム・インター英会話学院開始、現在に至る。

著書：『実用生成英文法』（開文社出版 1986）『英会話革命』（大修館書店 1996）『続・英会話革命』（大修館書店 1997）

ヒューコム・インター英会話学院HP　http://www.hucom-inter.jp/

●イラスト―國本りか

HC日英バイリンガル脳シリーズ　天の巻・信心編
バイリンガル脳で英会話　−誰でもすぐ出来る−

2016年3月20日　第1刷発行

著　者　平野　清
発行者　山崎亮一
発行所　せせらぎ出版
　　　　〒530-0043　大阪市北区天満2-1-19　高島ビル2階
　　　　TEL. 06-6357-6916　FAX. 06-6357-9279
　　　　郵便振替　00950-7-319527
印刷・製本所　株式会社啓文社

©2016　Kiyoshi Hirano　ISBN978-4-88416-247-4

せせらぎ出版ホームページ　http://www.seseragi-s.com
　　　　　　　　メール　info@seseragi-s.com

◎お知らせ◎

本書(第1刷)をご購入、読破いただいた京阪神の方々で、著者の授業を受けてみたいとご希望の方は、最長40レッスン分(1レッスン50分・1期10レッスン)を規定のレッスン料の3割引でお受けいただけます。
ただし、レッスンは少人数制(3〜5名)かプライベート制(1名か2名)で、大阪本部教室か出張レッスンとなります(出張レッスンの場合、著者の交通費等は生徒さんご負担)。
詳しくは、「ヒューコム・インター英会話学院」ホームページと「ヒューコム・ブログ」をご覧ください。

● お問い合わせ、お申し込みは、「ヒューコム・インター英会話学院」ホームページのお問い合わせフォームよりどうぞ。
http://www.hucom-inter.jp/

ヒューコム・インター英会話学院

本部:大阪市北区芝田2-3-19　東洋ビル3F
TEL:06-6372-9722
ホームページ:http://www.hucom-inter.jp/
ヒューコム・ブログ:http://www.hucom-inter.jp/blog/